중국인의 금기

차례
Contents

문화 이해의 첫걸음

외국의 문화를 이해하려면 먼저 그 나라 사람들의 문화 풍속이나 가치관을 이해해야 하는 것이 필수적인 조건이다. 그러나 이에 대한 인식 부족이나 소홀로 인해서 불필요한 오해를 불러일으키는 경우도 있다. 예를 들어 우리나라에서는 OK 사인으로 엄지와 검지를 둥글게 하고 나머지 세 손가락을 펴는 소위 'O3' 표시를 한다. 하지만 이 동작은 브라질이나 독일에서는 매우 저속한 표현에 속한다. 미국이나 영국에서는 승리의 표시로 손바닥이 상대방에게 보이게끔 'V'자를 그리는데, 영국에서 만약 손등을 내보여 이 표시를 하면 상스러운 욕이 된다. 힌두교를 믿는 인도인들에게 소가죽으로 만든 지갑을 선물하면 받는 사람이 어떤 표정을 지을지는 뻔하다. 이러한 크고 작은 문화 풍속의 차이는 나라별, 지역별, 민족별, 문화별로 각양각색의 모습을 하고 있다.

중국의 경우도 예외일 수는 없다. 비록 한국과 중국이 같은 유가(儒家) 문화권에 속해 있고, 오랜 세월 동안 우리가 그들의 영향을 받아왔기 때문에, 생활 풍속이나 가치관에서 많은 부분을 공유하고 있다고 생각하기 쉬우나(사실 적지 않은 부분에서 그러하다는 것은 부인할 수 없다), 그렇다고 해서 중국인들과 접촉할 때 무조건 우리 식의 관습과 예절로 접근하다가는 오해를 불러일으킬 수 있는 부분도 적지 않다는 것을 명심하여야 한다. 필자도 이에 대한 인식 부족으로 중국을 처음 방문하였을 때 상대방에게 괘종시계[鐘]를 선물하는 실수를 범한 적이 있었다. 중국에서는 '괘종시계나 탁상시계를 선물하는 것[送鐘]'이 '사람의 임종을 의미하는 송종[送終]'과 같은 발음이어서 금기(禁忌)시된다는 것을 몰랐기 때문이었다(이에 대해서는 본문에서 부연 설명하고자 한다).

외국의 문화와 문물을 익히는 방법은 여러 각도에서 접근할 수 있다. 적어도 외국을 방문하고자 한다면 출발하기 전에 그 사회에 존재하는 문화 현상 중 '모종의 상황에서 특별히 조심해야 할 것은 무엇인가?' 혹은 '특별히 금기시해야 할 것은 무엇인가', 반대로 '모종의 상황에서 그들이 선호(選好)하는 것은 무엇인가'에 대해서 한 번쯤은 검토를 해보고 출발해야 하지 않을까 싶다. 중국 속담에는 '자기가 살던 지역을 떠나 타 지역이나 다른 사람의 집에 가면 우선 그곳에서 주의해야 할 사항에 대해 먼저 물어보라[入境而問禁, 入國而問俗, 入門而問諱]'는 말이 있다. 이와 같은 취지에 따라 본문에서는 현대 중국인들의 금기와 선호문화 중 우리가 중국을 방문하였을 경우 그들의 일상생활에서 쉽게 목격할 수 있고 체험할 수 있는 주요 민속에 대해서 소개하고자 한다.

중국 민속을 이해하기 위한 주요 개념

　　현대 중국사회에는 그야말로 수많은 종류의 다양한 민속(民俗)이 존재하고 있다. 그 다양한 중국 민속들은 외견상 서로 아무런 관련이 없어 보이는 것 같지만, 그래도 그 저변에는 몇 가지 심리가 공통적으로 배어 있음을 엿볼 수 있다. 이들 중국 민속문화를 이해하기 위해 우선 기본적으로 이해하고 넘어가야 할 몇 가지 개념이 있다.

금기(禁忌)

　　중국인들은 일상생활 중 겪게 되는 많은 상황에서 특정 사물이나 특정 행위를 피하려는 경향이 있다. 이에 대해 학술계에서는 '금기'라는 단어를 사용하고 있다. 금기는 본시 원시인들이 초자연적인 역량에 대한 경외(敬畏)로 인해 취한 일종의 억제 행위였다. 따라서 금기가 갖고 있는 원시적 의미는 인간이 갖고 있는 일종의 신앙적 습속(習俗)이며 소극적인 정신 방어 현상이라 할 수 있다. 이런 관념은 동서양과 고금을 막론하고 전 인류에 걸쳐 보편적으로 존재하는 현상이라 할 수 있는데, 과거 사회제도가 완비되기 이전에는 오늘날의 법률과 같은 억제 작용을 해왔다.

'금기(禁忌)'의 '금(禁)'은 '示'변이 말해주듯 '신(神)'과 관련된 일을 나타내는 글자이다. 즉, 신의 암시에 의거해서 인간이 자신의 행위 중 어떠한 것들은 해야 하고, 또 어떠한 것들은 해서는 안 된다는 것을 결정한다는 의미이다. 이중 해서는 안 되는 것이 바로 '금(禁)'에 해당된다. 그리고 해서는 안 되는 심리상의 두려움으로 인하여 그것을 극력 피하고자 하는 심리 상태가 바로 '기(忌)'라고 할 수 있다.

이와 유사한 관념으로 서양에서는 폴리네시아어를 어원(語源)으로 하는 '터부(taboo)'라는 것이 있다. 넓은 의미에서 본다면 '금지하다' 또는 '금지되다' 등의 뜻으로 쓰인다. 일반적으로 온갖 종류의 금지 사항에 대해서 이 말을 쓴다. 행동과 의례의 규칙, 추장(酋長)의 명령, 손윗사람의 소지품에 손을 대지 말라는 아이들에 대한 타이름, 남의 일에 관여하는 것을 금지하는 말 등의 행위도 '터부'라는 용어로 표현한다.

이들 정의를 종합해 보면 금기란 결국 초자연적인 역량과

위험한 사물에 대한 공포 심리의 반영이라고 할 수 있는데, 사람들은 이러한 공포 심리를 느끼게 되면 보수적이고, 폐쇄적이며, 자기 구속적이고, 자기 안위적인, 소극적 방어 조치를 취하게 되는 것이다. 결국 이들 금기의 최초 출현은 먼 옛날 인간이 갖고 있는 인식 능력과 자연계의 위협에 대한 대처 능력이 부족한 시절, 모종의 신비한 역량에 대한 두려움에서 시작되었다고 할 수 있다.

하지만 모든 금기가 신령(神靈)에 대한 두려움으로부터 생겨난 것은 아니다. 인간의 지혜가 발달되지 않았던 초기에 형성된 각종 금기는 신령과 관련된 부분이 많았으나, 시대가 흐르면서 신령 이외에도 더욱더 다양한 형태의 금기가 형성되게 되었다. 그 중에는 프로이트가 이야기한 것 같이 '신성한 존재'나 '거룩한 존재'에 대한 불가촉(不可觸)의 금기 - 예를 들면 봉건 시절 제왕(帝王)이나 성인(聖人)들 혹은 조상의 이름을 함부로 입에 올리거나 글에 써서는 안 되는 금기 - 도 있으며, 식(食)·색(色) 등 인간의 본능 중 하나인 욕망을 억제하기 위해 생성된 금기도 있고, 한식(寒食)날에 불을 사용하지 않는 금기같이 중국의 역사적 사실로부터 민간 풍속으로 형성된 것도 있다.[1]

또한 생활 속에서 겪었던 실패로부터 획득한 교훈이나 몸소 체험한 경험으로부터 온 것도 있다. 예를 들어 아이가 태어나면 우리나라와 마찬가지로 중국에서도 금줄을 문밖에 내걸어서 사람들의 출입을 막는 지역이 있다. 이유인즉 바깥사람들이 각종 사악한 기운을 집 안으로 갖고 들어오는 것을 두려워해서인데, 사실 갓 태어난 아이들은 면역성이 약하기 때문에 가능한 한 외부의 기운에 노출되는 것을 막아야 한다. 이는 실제 생활 속에서 체득한 경험적 금기라 할 수 있다.

오늘날에 이르러서 금기의 대상, 특히 신령이나 종교와 관련된 풍속은 상당 부분 소멸되고 있으나, 대신 전통적 계승이나 심리적·언어적 현상으로 인해 현대 중국인들의 일상생활에 여전히 상당한 영향을 끼치고 있는 금기도 적지 않다. 어떤 면에서 보면 중국인들은 그들의 역사 전통만큼이나 많은 종류의 금기를 갖고 있다 할 정도로 일 년 내내 금기의 울타리 속에서 사는 듯한 느낌을 주기도 한다.

중국에서는 '금기'라는 단어 이외에 '기휘(忌諱)'라는 어휘가 좀더 통용되고 있는 것 같다. 필자가 평소 이 방면에 대해 관심을 가지고 중국인들과 대화를 할 때, 금기라는 단어를 사용하면 상대방이 알아듣지 못하는 경우가 많아서 내심 당황하곤 하였다. 좀더 구체적으로 설명을 하면 그제야 "아, 기휘 말씀이군요"라고 말하는 경우를 여러 차례 경험하였다. 문헌이나 사전에 보면 틀림없이 '금기'라는 단어가 존재하는데, 일반 민간사회에서는 오히려 이 단어가 매우 생소한 존재인 것이다. 이들 단어에 대한 차이는 『예기 禮記』 「곡례상 曲禮上」의 '入境而問禁, 入國而問俗, 入門而問諱'라는 기재에서 그 실마리를 찾을 수 있다. 내용인즉, 다른 지역에 들어가면 그 지역에서 금지시하고 있는 사항으로 무엇이 있는가를 먼저 물어보고, 다른 나라(이곳에서는 다른 제후국을 가리킴)에 들어가면 어떤 풍속들이 다른가 살펴보며, 다른 사람의 집을 방문하게 되면 그 집안에서 거리끼는 것으로는 무엇이 있는가를 살펴보라는 뜻이다. 이 기재로 볼 때, '기휘'의 개념은 금(禁)이나 속(俗)보다는 좀더 민간 차원에 치중된 통속적인 성격이 강함을 알 수 있다.

이 글에서 제시하는 각종 금기의 예는 종교적이거나 신령과 관련된 것이라기보다는 대부분이 심리적으로 불편해 하는 것을 극력 피하고자 하는 사항들이다. 따라서 원시적 의미의 금기보다는 오히려 중국어의 '기휘' 범주에 속한다고 할 수 있다. 다만 우리 사회나 중국의 관련 학술계에서는 민간사회에 존재하는 각종 금지 사항과 제한 현상을 폭넓게 반영하기 위해 금기라는 단어를 통일적으로 사용하고 있고, 또한 이 글에서 제시하는 몇몇 예는 반드시 통속적인 성격이 아닌 것도 있기 때문에 일괄적으로 금기라는 단어를 사용하고자 한다.

벽사(辟邪)

벽사란 금기, 제사(祭祀), 기도(祈禱), 축원(祝願) 등 특이한 행위 및 방식을 통해 재난(災難)으로부터 인간을 보호하고 귀신을 몰아내어 행복을 추구하는 독특한 생활양식을 의미한다. 원래 벽사 행위란 문명이 비교적 덜 발달되어 과학적 지식이 부족하였을 때 생긴 관념적 행위여서, 중국 고대에는 벽사와 관련된 행위나 의식이 매우 성행하였다. 하지만 과학이 발달된 오늘날에도 그 문화적 전통은 그대로 계승되어, 현대를 살아가는 중국인들의 일상생활 곳곳에 벽사와 관련된 상징적 의미가 숨어 있음을 발견할 수 있다. 이들 벽사 행위들은 중국인들의 일상생활과 너무나도 밀접한 관련을 맺고 있으며, 또한 매우 보편적으로 지켜지는 부분이 많아서, 벽사문화(辟邪文化)는 곧 중국문화의 한 특색이라 이야기할 수 있으며, 동시에 중국인 혹은 중국사회를 이해하는 데 필수 불가결한 부분이라 생각된다.

우선 벽사문화의 발생부터 알아보자. 과학이 발달하지 못했던 옛 시절에 만약 천체(天體) 운행이나 기상(氣象)에 모종의 이상한 변화가 발생하면 옛사람들은 이를 신령이 진노하거나 혹은 사악한 존재가 장난을 치는 것으로 알고, 이에 대비하여 제사를 지내 재난으로부터 자신을 보호하였다. 예를 들어 바다를 운행하거나 깊은 산중을 지날 때 귀신이나 악마로부터 올지 모르는 피해로부터 자신들을 보호하기 위해 부적(符籍)을 붙이거나 바다의 신 혹은 산신령에게 빌기도 하였고, 아이들이 병이 나면 악귀가 몸에 붙어서 그런 줄 알고 갖가지 방법을 동원하여 악귀들을 몰아내고자 노력하였다. 특히 상·혼례, 출산, 경작, 어로 등은 일상생활의 중요한 부분들이었기 때문에 신에 대한 공경이나 벽사 행위를 통한 행복 추구는 많은 사람들의 기본적인 바람이었다. 이로부터 각양각색의 벽사 방식과 벽사 관련 기물(器物), 벽사 관련 풍속들이 생겨나게 되었다. 그리하여 벽사 행위는 널리 그리고 깊게 중국 대중들의 일상생활 속에 젖어 들었고, 중국인들의 독특한 사유방식과 가치 관념을 형성하게 됨으로써 그들의 행동양식을 결정짓게 되었다.

물론 이들 벽사 행위의 대부분은 재난에 대한 인간들의 두려움에 기인하기 때문에, 각종 벽사 행위 속에 흐르고 있는 기본 맥락은 심리적 전환이라 할 수 있다. 사람들은 두려운 대상에 대해 각종 의식(儀式)이나 기물(器物)을 만들어, 자신들이 어떻게 할 수 없는 현상에 대한 심리적 전환을 통해 생활 속의 평화와 행운을 기원하였다. 이런 각종 조치는 과학적인 시각으로 볼 때는 이해가 안 되는 부분이 상당히 있으나, 정신적인 측면에서 볼 때 어느 정도의 효과가 있는 것도 사실이었다.

중국인의 벽사문화의 특징 중 하나는 길상물(吉祥物) 숭배에 있다. 길상(吉祥)은 사악함이나 흉조(凶兆)의 반대 개념인데, 중국인의 길상물 숭배는 그 응용 범위가 매우 넓어서, 명절·주거·복장·음식 등에 관련된 각종 풍속에 등장하고 있다. 그 역사도 유구하여 수천 년이 지난 오늘날에도 그 명맥을 그대로 유지하는 경우가 많다. 그중 대표적인 것으로는 먼저 거울을 들 수 있다. 고대 민간사회에서는 벽사를 위한 길상물로 거울을 많이 사용하였다. 많은 사람들이 거울을 대문이나 창가에 걸어두어 귀신이 접근하는 것을 막았는데, 이는 귀신이 집에 접근하다 자신의 모습이 거울에 비치면 정체가 탄로나서 도망간다고 믿었기 때문이다. 특히 이런 거울들은 요괴를 비

추는 거울이라 하여 조요경(照妖鏡)이라 칭하였다. 그래서 옛
사람들은 거울을 만들 때 거울의 두 가지 기능을 함께 고려하
였는데, 한 면은 평평하게 갈아서 사물을 비추는 거울의 면을
만들었고, 또 한 면에는 악귀를 몰아내기를 기원하는 각종 도
안이나 글 등을 새겨 넣었다.

거울 이외에 소 혹은 소뿔 또한 중국인들이 애용하던 벽사
를 위한 길상물이었다. 소 혹은 소뿔은 뒤에서 언급할 음양(陰
陽)설에 의하면 강한 양(陽)에 속하는 존재여서 음(陰)에 속하
는 귀신들의 존재를 억누르는 능력을 갖고 있다고 믿었다. 그
래서 중국 각지에서는 쇠로 소를 주조(鑄造)해 홍수를 일으키
는 사악한 용(龍)을 누르고 수재(水災)를 방지하는 풍속이 있
었다. 실제로 중국을 여행하다 보면, 홍수를 일으켜 커다란 피
해를 가져왔던 황허 강[黃河] 유역에서 종종 쇠로 만든 소의
동상을 발견하게 된다.

중국에서 가장 큰 명절은 음력 정월 초하루인 춘절(春節)이
다. 이날은 한 해의 시작이기 때문에 귀신에 대한 방어가 더욱
더 중요한 의미를 지닌다. 귀신들로부터 한 해 동안 가정을 보
호하기 위해 특별히 춘절을 기해 각종 벽사 행위가 행해지는
데, 그중 대표적인 것으로 대문 앞에 붙이는 그림들이 있다.
섣달 그믐날 중국인들은 신도(神荼)나 울루(鬱壘)[2] 등 각종 신
(神)의 그림을 대문에 붙여서 귀신을 막고 집안의 평화를 기원
하는데, 이들은 바로 중국인들의 관념 속에서 귀신을 제압하
는 대표적인 신들이다.

또한 춘절 전날 밤에 어른들은 아이들에게 세뱃돈을 주는데, 이를 중국어로 '壓歲錢[ya sui qian]'이라 한다. 이 '壓歲錢'이란 단어는 글자 그대로 번역한다면 누르다의 압(壓), 나이세(歲), 돈 전(錢), 즉 돈의 힘을 빌려서 아이들의 나이를 누른다는 뜻이다. 하지만 글자 그대로의 해석은 아이들이 어서 건강하게 자라서 사회적으로 훌륭한 사람이 되기를 바라는 어른들의 보편적인 심리와는 매우 모순된다. 그래서 이러한 해석은 성립이 되지 않는 것 같고, 대신에 '壓歲錢'의 유래는 아마 벽사(辟邪)의 의미에서 찾아야 할 것 같다. 즉, 원래 글자는 다르나 같은 발음을 갖고 있는 '壓祟錢[ya sui qian]'의 의미로부터 유래한다고 볼 수 있는데, '수(祟)'란 '귀신이 내리는 재앙'을 의미하며 중국어 발음이 세(歲)와 같다. 즉, 귀신으로부터 아이들을 보호하기 위해 주는 돈이라는 뜻이 담겨져 있음을 알 수 있다.[3)]

이외에도 청명절(淸明節)에 (버드나무가 갖고 있는 벽사 기능을 이용하여) 버드나무 가지를 대문에 걸어두거나 혹은 머리에 꽂는 행위,[4)] 단오절(端午節)에 쑥이나 창포를 사용해서 귀신을 몰아낸다거나 하는 등[5)] 중국인들의 일상생활 속에 등장하는 벽사를 위한 상징물은 이루 헤아릴 수 없다.

해음(諧音)

중국인들이 일상생활 속에서 준수하는 금기나, 길상(吉祥)

을 추구하는 선호(選好)의 풍속은 그 종류가 천태만상으로 일일이 다 거론할 수는 없다. 게다가 같은 내용의 금기나 길상을 추구하는 행위라 할지라도 지역과 민족에 따라 서로 다른 모습을 보이고 있어서 그 수많은 금기와 선호의 종류를 유형별로 정리하는 것 자체가 큰 작업이라 할 수 있다. 하지만 언뜻 보면 아무런 연계도 없어 보이는 잡다한 금기나 선호의 행위들일지라도, 그 나름대로의 공통된 특징에 의해 일정한 유형으로 이들을 귀납시키는 것은 가능하다. 그간 필자가 고찰한 결과 중국인들이 일상생활에서 특별히 선호하거나 금기시하는 경우에 있어서 두드러지는 현상은 중국어가 갖고 있는 언어적 특징으로부터 생겨난 것이 매우 많았다.

일단 불행과 관련된 의미를 갖고 있는 단어는 최대한 사용하지 않는 것이 중국인들의 기본 금기 사항이며, 여기에서 한 발 더 나아가 이들 단어들과 발음이 같아서 불행한 의미가 연상되는 각종 사물이나 행위도 금기시되는 경우가 종종 있다. 물론 반대로 행복과 관련된 사물과 유사한 발음을 갖고 있어서 특별히 선호되는 사물도 있다. 현대 중국인들이 일상생활에서 지키고 있는 많은 금기나 선호 행위가 바로 이로부터 비롯된다고 해도 과언이 아닐 정도로 언어와 민속은 깊은 연관성을 맺고 있다. 이를 이해하기 위해서 우선 중국어가 가지고 있는 해음(諧音) 현상에 대한 인식이 필요하다.

해음이란 간단히 이야기해서 A와 B 두 글자가 서로 다르지만 같거나 유사한 발음을 갖고 있기 때문에, A를 이야기하지

15

만 동시에 B의 이미지를 연상(聯想)하게 하는 것이다. 연상이란 어떤 관념에서 다른 관념이 생기는 심리적 현상이다(연상을 불러일으키기 위해 주어지는 말을 '자극어'라고 한다). 즉, 어떤 사물을 표현하기 위해 한 단어를 말하면, 이 단어가 자극어의 역할을 하면서 곧바로 연상 작용에 의해서 발음이 같은 다른 대상을 머릿속에 떠올리게 되는 것이다.

중국어에는 해음적인 특징으로 인하여 어떤 사물을 이야기하면 같은 발음을 갖고 있는 다른 사물의 이미지가 자연스레 떠오르는 경우가 유달리 많다. 따라서 언어를 사용할 때 선호하는 단어가 있거나 반대로 입에 올리지 않는 단어가 생겨나게 된다. 특히 각종 불길한 이미지를 연상케 하는 언어나 사물 또는 행위도 기피 대상이 되어서 중국인들의 금기 범주를 더욱 광범위하게 만들고 있다. 우리나라에도 이와 같은 경우를 심심치 않게 볼 수 있는데, 가장 비근한 예로 죽을 '사(死)'의 발음과 같은 숫자 '四'의 사용을 회피하는 경향을 들 수 있다. 그래서 우리나라에는 4층이나 4동(棟)의 명칭이 없는 건물이 있다. 특히 병원을 방문할 때 주의 깊게 보면 4층이란 층은 아예 존재하지 않는 경우가 많다. 엘리베이터를 타면 4층 단추 대신에 F층으로 표시되어 있는 경우가 많은데, 그 이유가 바로 이것 때문이라는 것도 쉽게 짐작할 수 있다.

반대로 발음을 할 때 좋은 이미지가 연상이 되어 특정 상황에서 특별히 선호되는 사물도 중국인들의 일상생활 속에서 쉽게 볼 수 있다. 예를 들어 젓가락은 일상생활 속에서 가장 보편적인 식사 도구이지만, 중국 민속문화 속에서는 식사 도구라는 기능적 의미 이외에 (그 발음으로 인해서) 아이를 기원하는 상징적인 의미를 갖기도 한다. 젓가락은 중국어로 '筷子[kuai zi]'가 되어 '아들을 빨리 바란다'는 '快子[kuai zi]'와 같은 발음을 갖기 때문이다. 그래서 과거 전통 혼례에서는 젓가락이 신부 쪽에서 신랑에게 보내는 혼수 품목 중의 하나였다. 이런 현상은 오늘날에도 그 수를 헤아리기 힘들 정도로 중국인들의 풍속에서 자주 엿보이고 있다.

해음 현상에 의해 특정 사물에 대한 수많은 금기나 선호가 파생되지 않을 수밖에 없는 이유는 중국어에 동일한 발음을 갖는 글자가 무척이나 많기 때문이다. 중국어에는 약 400개의 순수 음절(音節)이 있다고 한다. 여기에 반해 현존하는 한자(漢字)는 약 6만 자이며, 그 중에서 일반적으로 상용되는 한자는 적어도 8,000 내지 10,000자가 된다. 따라서 일상생활에서 중국인이 사용하는 상용어 중 글자는 다르면서도 같은 발음을 가진 경우가 상당히 많다. 중국어의 이러한 특성으로부터 파생되는 금기 혹은 선호 풍속의 예는 그야말로 일일이 거론할 수 없을 정도이다.

음양오행(陰陽五行)

중국인들의 사유(思惟)에 영향을 미친 주요 전통사상을 이야기할 때 대부분 유가(儒家), 도가(道家), 불교(佛敎)의 세 가지 사상을 거론하는 경우가 많다. 그러나 필자가 보기에 중국 민속에 대해서는 음양오행사상(陰陽五行思想)이 그야말로 지대한 영향을 끼쳤다고 본다. 음양오행에 관한 설은 언뜻 보면 미신적인 색채가 강하여 과학이 발달된 오늘날에는 그 생명력이 끝났다고 보일지 모르나, 현대를 사는 중국인들의 생활 구석구석에는 여전히 그 그림자가 짙게 드리워 있어서, 중국인들의 삶을 이해하는 데에 결코 간과할 수 없는 중요한 요소이다.

음양오행의 기원은 정확히 고증할 수 없으나 대략 다음과 같은 추측이 가능하다. 언제부터인가 중국인들은 자신들이 사는 이 우주의 구성과 각종 자연 현상의 본질을 생각하기 시작하였다. 이는 비단 고대 중국인에 국한된 것은 아니었다. 고대 그리스의 예를 보아도 탈레스는 '이 세상은 물로 구성되어 있다'라는 원수설(原水說)을 주장하였으며, 아낙시메스는 '공기로 구성되어 있다'는 원공설(原空說)을, 헤라클레이토스는 '불로 구성되어 있다'는 원화설(原火說)을 주장했다. 이것으로 보아 고대의 철학자들은 이미 이러한 문제에 대해 많은 사고를 기울인 것 같다. 그리고 이 문제에 대한 해답으로 고대 중국인들은 '기(氣)'의 개념을 제시하였다. 그들은 우주의 근원은 기(氣)이며, 이 기(氣)는 또한 음(陰)과 양(陽)으로 나뉜다고 생각하였다. 이로부터 출발하여 각종 자연 현상, 예를 들면 명암(明暗)·주야(晝夜)·일월(日月)·한난(寒暖), 더 나아가서는 추상적인 개념인 선악(善惡)·미추(美醜) 등 모든 상대적인 현상을 음양으로 해석하게 되었다.

　한편 '오행설(五行說)'이라고 하는 것은, 이 우주가 나무 목(木)·불 화(火)·흙 토(土)·금속 금(金)·물 수(水) 등 다섯 가지 요소로 구성되어 있다고 보며, 동시에 이 다섯 가지 요소의 상호관계를 가지고 우주에 나타나는 변화와 현상을 해석하려는 견해이다. 중국 고대 문헌에서는 자연 현상이나 인간의 오장(五臟)·색채·음악 등 많은 분야를 오행(五行)의 요소로 해석하는 경우가 많았다. 예를 들어 유가 경전인 『예기 禮記』에 보면 62종류의 현상이 오행의 요소로 설명되고 있는데, 그중 몇 가지 예를 들면 다음과 같다.

	목(木)	화(火)	토(土)	금(金)	수(水)
방향	동	남	중앙	서	북
색	녹색	빨간색	노란색	흰색	검은색
덕	인(仁)	지(智)	신(信)	의(義)	예(禮)
음	각(角)	치(徵)	궁(宮)	상(商)	우(羽)
오장 (다른 설)	비장 (간)	폐 (심장)	심장 (비장)	간 (폐)	콩팥 (콩팥)
숫자	8	7	5	9	6
맛	신맛	쓴맛	단맛	매운맛	짠맛

　처음에는 자연 현상에 대해서만 적용되던 음양오행설은 그 범주를 오행과 인간과의 관계, 더 나아가서는 역사(歷史)에도 대입하기 시작하였다. 무당 혹은 사관(史官)들은 이 오행설을

이용하여 미래에 대한 예언을 하였는데, 이미 춘추 시대에 이러한 모습이 보이며, 특히 전국 시대의 제(齊)나라 사람 추연(鄒衍)은 이를 종합하여 오덕종시설(五德終始說)을 만들어서 각 왕조의 교체를 설명하였다.[6]

음양오행설은 단순히 이론으로만 그치지 않았다. 심지어는 이 설을 철저히 신봉하고 그 법칙에 따라 그대로 이행한 제왕도 있었다. 대표적인 경우가 진시황(秦始皇)이다. 그는 화(火)의 기운을 갖고 있던 주(周)나라가 멸망하고 진(秦)나라가 중국을 지배하는 것이 불[火]의 기운을 누르는 물[水]의 기운의 등장임을 증명하기 위해 다음과 같은 각종 조치를 취했다.

　　1) 복장이나 깃발 등에 검은색을 상징으로 사용한다. (검은색은 오행 중 수(水)의 덕성을 갖는다.)

　　2) 6을 숫자의 기준으로 삼아서 관리의 모자는 6인치, 수레는 6피트, 기병대의 단위는 말 6필로 구성하게 하였다. (숫자 6은 수(水)의 덕성을 갖는다.)

　　3) 황허 강의 이름을 '덕수(德水)'로 개명하였다.

또 다른 예로 한(漢)나라 문제(文帝) 때 공손신(公孫臣)은 다음과 같은 상소를 올렸다.

진(秦)나라는 수덕(水德)을 갖고 있었는데, 지금 한(漢)나라가 그 덕을 이어 받았습니다. 그런즉 한나라는 마땅히 토(土)의 덕을 갖고 있으니 이에 맞게끔 관리들의 복장 색을 바꾸어서 황색(黃色)을 숭상하여야 합니다.(『사기 史記』「문제기 文帝紀」)

다시 말해서 진나라가 멸망하고 한나라가 그 대통을 이어 받은 것은 오행상극설의 토극수(土剋水)에 해당된다는 것이다. 황색은 다름 아닌 오행 중 토(土)의 덕에 해당된다.

오행상극설(五行相剋說)에 의한 왕조 흥망사에 대한 해석은 이후 오행상생설(五行相生說)로 바뀐다. 즉, 각 왕조의 흥망은 각 왕조가 갖고 있는 오행 간의 상생의 법칙에 의해 흥망성쇠한다는 설이다. 오행 간의 상생관계는 다음과 같다.

수생목(水生木), 목생화(木生火), 화생토(火生土), 토생금(土生金), 금생수(金生水)

이러한 음양오행설이 통치계급의 전유물이었던 것은 아니다. 이것은 시대를 거치면서 일반 중국인의 생활방식과 각종 관념에 심오한 영향을 끼쳤다. 그러한 흔적은 지금도 생활 곳곳에서 엿볼 수 있는데, 일일이 다 예를 들 수 없을 정도로 그 사례가 방대하다. 우선 우리가 쉽게 이해할 수 있는 다음과 같은 몇 가지 경우를 보도록 하자.

1) 음양오행설에 집착하는 사람들은 오늘날에도 신랑 신부의 띠를 따져서 서로 상충되는 띠끼리는 결혼을 하지 않는다. 예를 들면 닭띠와 개띠, 용띠와 토끼띠 등이 그렇다. 소위 궁합(宮合)을 보는 것이다. 이는 신랑 신부의 띠에 해당하는 오행이 서로 상극(相剋)을 이루면 원만한 가정을 꾸려 나갈 수 없다고 여기기 때문이다.

2) 앞에서 제시한 도표에서 보듯이 인간의 각 오장(五臟)도 음양오행설과 관련이 되어 있다. 당연히 한방 의학에서 진단을 하거나 처방을 하는 경우에도 음양오행의 원리가 적용됨을 쉽게 짐작할 수 있다.

3) 음양오행설은 또한 동서남북의 방위와도 관련이 있다. 집을 지을 때나 혹은 산소 자리를 고를 때에 중시하는 풍수지리설도 음양오행과 깊은 관련이 있다.

4) 아직도 많은 사람이 즐겨 보는 사주(四柱)의 원리는 바로 음양오행의 순환 혹은 상생상극(相生相剋)의 원리를 적용하여 인간의 미래를 점치는 것이다.

중국 공산당 정부가 들어선 이래, 중국에서는 이러한 것들을 미신적인 행태로 간주하고 일체의 역학(易學)이나 점술(占術) 등을 억제하여 왔다. 그러나 최근 들어 다시 점치는 곳을

찾는 사람이 많아진다고 한다. 이것은 아직도 중국인들의 심리 속에 오랜 세월에 걸쳐 형성된 음양오행적인 관념이 존재하고 있다는 증거이다.

중국의 음식문화

'중국 음식' 하면 우선 다양하고 풍부한 종류의 요리가 연상된다. 실제로 중국을 방문하다 보면 언제 끝날지 모르는 상당한 가짓수의 요리가 식탁 위에 등장하는 경우를 종종 목격하게 된다. 중국 음식의 풍성함과 다양함에 대해 '나는 것 중에는 비행기를 제외하고, 땅에서는 탁자를 제외한 네 발 달린 것은 다 먹는다'라는 우스개 같은 농담도 존재한다. 그래서 마치 중국인들은 종류나 형태를 불문하고 먹거리 문화에 대해 매우 관대할 것이라는 오해를 불러일으키기 쉽다. 하지만 중국인들은 사실 음식문화에 대해 매우 까다로운 면이 있다. 이는 음식이 인간의 생사(生死)나 화복(禍福)에 영향을 미칠 수 있는 중요한 요소이기 때문이다. '복숭아는 사람의 건강을 보호하고, 살구는 사람에게 해가 되며, 오얏나무 아래에는 죽은 사람을 묻는다[桃養人, 杏傷人, 李子樹下埋死人]'라는 중국 속담에서 볼 수 있듯이, 중국에는 음식의 종류에 대해 상당히 엄격한 선호 및 금기 사항이 존재해 왔다.

또한 언뜻 보면 질서 없이 나오는 요리 같지만 사실 중국 요리가 나오는 순서에는 일정한 격식이 있다. 먼저 간단하게 먹을 수 있는 몇 가지의 소채(小菜)가 나온다. 이는 정식 요리가 나오기 전에 차(茶)를 마시면서 함께 드는 가벼운 음식이다. 입맛을 돋우는 전식(前食)이라고 생각하면 된다. 땅콩이나 약간 짠 반찬 등이 이에 해당된다. 그 다음 정식 음식의 첫 부분으로 냉채(冷菜)라고 하는 찬 요리 몇 가지가 동시에 나온다. 냉채는 주로 술에 대한 안주의 개념이며 맛이 담백한 경우가 대부분이다. 그 다음 따뜻하게 데운 음식인 열채(熱菜)들이 나오는데, 주로 하나씩 하나씩 나온다. 열채는 술에 대한 안주의 개념이 아니라 식사를 위한 요리이다. 열채의 끝에 반드시 빠지지 않는 요리가 등장하는데, 바로 생선 요리이다.

중국인들의 단골 메뉴 : 생선 요리

생선은 중국 정식 요리에서는 절대 빠지지 않는 단골 메뉴, 즉 중국인들이 특별히 선호하는 요리인데, 그 이유는 무엇일까? 이는 여러 각도에서 해석이 가능한데, 우선 고대로부터 내려오는 전통적인 길상물(吉祥物) 숭배의 일환으로 볼 수 있다.

중국은 오랜 세월 동안 농경(農耕)을 근간으로 하는 사회였다. 따라서 농작물의 생산이 일반 대중들의 생활에 직접적으로 영향을 미치는 것은 당연하다. 오곡(五穀)의 풍성함은 곧 절대다수의 공통적인 바람이기도 하였다. 그래서 중국인들이 숭상하는 길상물 중에는 이 오곡의 풍성함을 기원하는 바람과 깊은 연관성을 가진 것이 많다. 대표적인 것으로 농사에 직접적인 영향을 미치는 자연 현상인 비·구름·바람과 구름을 몰고 다니는 용(龍) 등이 그러하다. 고대로부터 중국인들은 물고기 또한 물과 비를 관장하는 영적인 존재로 여겨 왔다.『산해경 山海經』이라는 책에서는 물고기를 홍수를 일으키고 가뭄을 가져오는 신비로운 존재로 묘사하고 있다. 물고기는 곧 오곡의 풍성함으로 직결되는 존재이기도 한 것이다. 일설에 의하면 공자(孔子)의 부인이 아들을 낳자 어떤 이가 잉어[鯉魚]를 보내와 출산을 축하하였다고 한다. 그래서 공자는 태어난 아이에게 이(鯉)라는 이름을 지어주고 자(字)는 백어(伯魚)라 했는데, 이를 보면 물고기에 대한 숭배는 그 역사가 무척 오래되었음을 알 수 있다.

중국인들이 생선을 선호하는 것은 앞에서 언급한 해음 현상을 통해서도 이해할 수 있다. 생선은 한자로 '어(魚, yu)'라고 하는데, 이 발음은 마침 '여유 있다' 혹은 '풍족히 남다'라는 뜻의 '여(餘, yu)'의 발음과 같다. 즉, 생선을 특별히 선호하는 것은 항상 풍족함을 기원한다는 의미가 담겨 있는 것이다. 같은 이유로 해서 식사뿐만 아니라 제사를 지낼 때 혹은 명절

날이나 축하연에서 생선은 빠지지 않는 단골 메뉴이다. 특히 중국의 가장 큰 명절인 음력 설날 춘절에는 생선 요리를 먹는 것이 거의 필수적인 코스인데, 이날 특별히 잉어를 먹는 경우가 많다. '이(鯉)'의 발음이 '이익이 된다'는 '이(利, lì)'와 같아서 새해에 좋은 일이 있으리라는 의미로 받아들여지기 때문이다.

춘절의 길상 음식 : 교자

춘절 이야기가 나온 김에 이날 특별히 먹는 음식에 대해 소개할까 한다. 춘절 음식으로 가장 중요한 것으로는 교자(餃子)[7]를 들 수 있다. 중국인 대부분의 집안에서는 춘절 전날 교자를 먹는 풍속이 오래전부터 전해 내려오는데, 교자는 상대방에게 행운을 비는 일종의 길상(吉祥) 음식이기도 하다. 기록에 의하면 5세기부터 중국 북방에서 교자를 먹는 풍속이 성행하였으며, 특히 명절 음식으로 자리를 잡게 된 것은 명(明)나라 중기 이후로 알려지고 있다. 춘절에 먹는 교자는 평상시 먹는 교자와는 다른 의미를 가지고 있다. 중국인들은 춘절 전날 저녁부터 온 가족이 둘러앉아 교자를 빚어서는 밤 12시부터 교자를 먹기 시작한다. 여기에는 여러 가지 뜻이 함축되어 있는데, 우선 밤 12시는 옛 시각으로 표시하면 자시(子時)에 해당된다. 자시가 바뀌면 하루가 바뀌고, 특히 한 해 마지막 날 자시가 바뀌면 새로운 해로 접어든다. 따라서 자시가 바뀌는 시간, 즉 교자(交子)되는 시간에 먹는 음식이 바로 교자(餃子)이며, 이는 송구영신(送舊迎新)의 의미를 갖는 음식이라는 뜻이 된다. 또한 교자의 모습이 옛 화폐인 원보(元寶)와 모양이 흡사해서 새해에는 많은 돈을 벌라는 축복의 의미도 담겨 있다.

교자 안에는 각종의 속을 넣어서 길상(吉祥)의 의미를 더욱 풍부하게 한다. 만약 설탕이나 꿀을 그 안에 넣으면 새해에는 더욱더 즐거운 일이 생기기를 기원한다는 뜻이 되며, 땅콩을 넣으면 장수를 의미하게 된다. 땅콩은 본래 중국어로 화생(花生)이지만, 그 외에도 장생과(長生果)라는 별도의 이름을 갖고 있기 때문이다. 또한 대추[棗子, zao zi]와 밤[栗子, li zi]을 넣으면, 두 단어를 합친 발음이 'zao li zi'가 되어 '무立子[zao li zi]'라는 말과 같은 발음이 된다. 이는 글자 그대로 '어서 빨리 귀한 자식을 낳으라'는 의미가 기탁되어 있다.

교자는 평상시의 주식(主食) 이외에도 손님이나 친구를 송별할 때 특별히 먹는 음식이다. 그래서 산둥성[山東省] 일대에서는 찾아온 손님을 접대할 때 교자를 내놓는 것이 일종의 금기 사항이다. 교자는 속칭 '곤단포(滾蛋包, gun dan bao)'라고 한다. '곤단(滾蛋)'이라는 단어에는 중국어 속어(俗語)로 '어서 꺼져라'라는 뜻이 있다. 그렇다고 정말로 손님이나 친구들이 어서 없어지라고 하는 뜻은 아니다. 단지 재미있게 표현하기 위한 단어일 뿐이다. 이 단어는 아무한테나 사용해서는 안 된다. 단지 친한 사이에서만 농담으로 쓰일 수 있다. 예를 들어 '오늘 우리 함께 곤단포(滾蛋包, 혹은 滾蛋餃子라고 하기도 한다)를 먹자'라고 말하면 '친구가 먼 길을 떠나니 송별식을 해

주자'라는 의미가 된다. 만약 이 말을 웃어른이나 아주 가깝지 않은 손님한테 사용하면 실례가 된다. 어쨌든 중국 북방 지역에서는 '영객면, 송객교자(迎客麵, 送客餃子)'라는 말이 있듯이, 손님을 맞이할 때에는 국수를, 환송할 때에는 교자를 대접한다.

행복을 기원하는 과일

중국인들이 자고(自古)로 추구하는 행복 중 가장 대표적인 것으로 다섯 가지의 복, 즉 오복(五福)이 있다. 장수(長壽), 부귀(富貴), 건강(健康), 도덕(道德) 그리고 천수(天壽)를 다하는 것이다. 이런 행복을 추구하는 것은 사람들의 공통된 희망 사항이라 할 수 있고, 당연히 중국에는 복을 비는 마음에서 오복 등 각종 길상(吉祥)과 관련된 다양한 풍속이 존재한다. 그래서 중요한 명절이나 행사에는 평안(平安), 건강, 영광(榮光), 화목(和睦), 부귀, 복록(福祿), 장수 등등과 관련된 각종 상징물과 언행들이 선호된다. 이들 길상을 기원하는 것은 사람들의 공통된 심리이기 때문에, 이를 지키기 위해 나타내는 불행에 대한 기피 심리 역시 너무나 당연한 것이다. 예를 들어 삶에 대한 애착으로 인해 사망에 대한 두려움이 생기고, 사망에 대한 두려움으로 인해 장수에 대한 바람이 생겨나게 되었으며, 장수에 대한 바람으로 인해 요절(夭折)에 대한 기피가 있다. 부귀에 대한 바람이 있기 때문에 빈한(貧寒)함에 대한 기피가 있고, 건강에 대한 바람이 있기 때문에 병약함에 대한 기피가 있게 되는 것이다.

그중 장수를 예로 들어보자. 중국에는 장수를 위한 많은 길상물이 등장하는데, 여기에는 구체적인 기물(器物)만 사용된 것이 아니라 길상을 상징하는 각종 물체를 이용한 도안(圖案)도 등장한다. 자주 등장하는 단골 길상물로는 복숭아가 있다. 고대인들은 복숭아를 먹음으로써 장수할 수 있다고 믿었다. 이런 관념은 오늘날까지 그대로 유지되고 있어서, 노인들의 생일잔치에는 장수면(長壽麵) 이외에 복숭아가 필수적으로 등장한다. 이날 등장하는 복숭아는 장수한다는 수(壽)를 붙여서 특히 '수도(壽桃)'라 부른다. 신선한 복숭아가 직접 사용되는 경우도 있겠지만, 계절적 영향으로 인해 복숭아가 나지 않을 때에는 밀가루나 쌀가루로 만든 복숭아 모양을 한 '수도'를 준비한다.

중국 남쪽 지방에서는 귤(橘, ju)과 여지(荔枝, li zhi)라는 과일을 함께 베갯맡에 두었다가 춘절날 일어나서 먹는 풍속도 전해진다. 두 과일을 합친 단어의 발음이 '吉利[ji li]'와 유사하기 때문에, 이 과일을 먹으면서 새해에는 좋은 일이 많이 생기고 돈도 많이 벌기를 기대하는 것이다.

중국의 각종 기피 음식

상황에 따라서 특별히 선호되는 음식이나 과일이 있는 반면에 좋지 않은 이미지가 연상이 되어 기피되는 음식도 있다. 중국에도 우리와 같이 조상에 대한 제사(祭祀)문화가 존재하는데, 제사활동은 우리와 마찬가지로 중국인들의 삶 속에서 매우 중요한 지위를 차지하고 있다. 중국인들은 본시 조상신을 보호신으로 간주하였으며, 과거에는 조상신들을 노하게 하면 자신들이 벌을 받는다고 생각하였다. 자연히 조상신에 대한 예우에 있어서 각종 금기가 생겨났다. 이러한 금기는 조상신에게 제사를 지낼 때 사용하는 공물(供物)에서 여실히 드러나고 있다. 물론 지역에 따라서 지켜지는 금기의 종류는 다르지만, 기본적으로 조상신에 대해 불경(不敬)해서는 안 된다는 점은 공통적이라 할 수 있다. 예를 들어 어떤 지역에서는 신령에 바치는 제사 공물로 쇠고기나 개고기를 사용하지 않는다. 이들 가축들은 밭을 갈거나 집을 지키며 사람들에게 도움을 주는 동물들이어서 사람들이 평시에도 먹지 않는 고기인데, 만약 이를 제사 공물에 쓰게 되면 조상신에 대한 불경스러운 행위로 간주되기 때문이다.

중국 남쪽에서는 공물에 사용되는 고기나 생선으로 필히 껍질이나 비늘이 있는 물고기를 사용해야 하는 금기가 있다. 예를 들어 돼지고기나 닭을 공물로 사용할 시 필히 껍질이 있어야 하며, 잉어를 사용할 시에도 비늘이 그대로 붙어 있어야 한다. 장어같이 비늘이 없는 생선은 사용하지 못한다. 비늘이나 아가미가 떨어진 생선들은 '온전한 물고기[全魚]'라 할 수 없는데, 만약 이러한 물고기를 바치면 이는 신령에 대해서 온

정성을 다하지 않는다는 뜻을 내포하기 때문이다.

후베이[湖北]지역에서는 제사를 지낼 때 일반적으로 닭고기를 사용하지 않는 금기가 있다. 그 이유는 '닭 계(鷄, ji)'의 발음이 '기아(飢餓)'가 연상되는 '기(饑, ji)'와 같아서 신령(神靈)에게 불경한 느낌을 주기 때문이다. 또, 장쑤성[江蘇省] 일대에서는 제사 때에 콩이 들어 있는 음식은 사용하지 않는다. '콩 두(豆, dou)'는 '싸우다' '투쟁하다'라는 뜻의 '투(鬪, dou)'와 같은 발음을 가지고 있다. 그래서 이런 음식을 공물로 쓰면 집안 자손들 사이에 싸움이 난다고 생각하기 때문이다. 다만 콩으로 만든 음식 중 두부는 종종 제사 공물로 사용되는데, 두부는 한자어로 '두부(豆腐)'라 하며 '부(腐, fu)'는 그 발음이 '부(富, fu)' 혹은 '복(福, fu)'과 발음이 같아서 재운(財運)을 상징하는 음식이기 때문이다.

결혼식에 사용되는 음식에는 나름대로의 의미가 담겨져 있는 경우가 많은데, 결혼이 진행되는 과정 중에서 다자다복(多子多福)에 대한 소망은 절대로 빠질 수 없는 중요한 사항이다. 이에 관련된 많은 음식이나 과일 등은 현대 중국의 민속에도 단골 메뉴로 등장한다. 우리나라의 예를 들어봐도 결혼식이 끝난 후 폐백을 드릴 때 어른들이 신랑 신부에게 대추를 던져준다. 이는 자식을 많이 낳으라는 뜻이 담겨져 있는데, 중국에서도 마찬가지로 결혼식날 대추·밤·땅콩 등을 신방의 침대 위 네 모퉁이에 올려놓는다. 대추는 중국어로 '조아(棗兒)'이며, 중국식 발음 기호로 'zao er'로 표기된다. 이 발음은 동시에 '일찍'이라는 뜻의 '조(早)'와 아들을 의미하는 '아(兒)'의 합성어인 '조아(早兒)'와 발음이 같다. '밤'은 한자로 '율자(栗子)'라고 쓰며 'li zi'라고 읽는다. 그 발음은 '아이가 들어서다'라는 뜻의 '立子[li zi]'와 같다. 그래서 대추와 밤을 합치면 '棗栗子[zao li zi]'가 되며, 이는 '早立子', 즉 '어서 아들을 낳아라'라는 뜻이 된다.

땅콩은 중국어로 '화생(花生)'이라고 하는데, '화생'은 동시에 '아들과 딸을 번갈아 가면서 낳는다'라는 뜻을 갖고 있는 단어이다. 따라서 대추나 땅콩을 신방 침대 위에 올려놓는 것은 '어서 빨리 많은 자식을 낳아라'라는 소망이 담겨져 있는 것이다.

과일이나 식물 도안(圖案)을 이용하여 다자다복을 비는 경우도 있다. 중국의 민화(民畵)를 보면 입을 벌린 석류(石榴)나 연꽃이 자주 등장한다는 것을 알 수 있었다. 석류는 씨가 많아서 다자다복을 상징하는 식물이며, 연꽃은 '蓮子[lian zi]'라 하여 중국어 발음상 '계속하여 아이를 낳는다'는 '連子[lian zi]'가 연상이 되어 다자다복을 위한 길상물에 단골로 등장하는 식물이다.

반대로 기피되는 음식도 있다. 대표적인 예로 '파'는 결혼 연회석상에서는 등장하지 않는 야채 중 하나이다. '파'는 중국어로 '葱[cong]'이라 하여 그 발음상 '충돌하다'의 '冲[chong]'이 연상되어 새 인생을 출발하는 신혼부부에게 좋지 않은 느낌을 주기 때문이다.

계절이나 시기에 따라 금기시되는 음식도 있다. 이런 경우는 대부분 고대로부터 전해 내려오는 의학서에 근거하며, 실제로 많은 사람들에 의해 반드시 지켜지는 금기는 아닌 것 같다. 다만 음식 금기에 대한 이해의 차원에서 몇 가지 예를 들어보면 다음과 같다. 음력 2월에는 신장(腎臟)이 나빠진다 하여 인삼을 먹지 않으며,[8] 나쁜 마음이 생긴다 하여 계란을 먹지 않고,[9] 또한 원기(元氣)를 해친다 하여 토끼고기를 먹지 않는 금기도 전해져 온다.[10] 음력 8월에는 오한과 신열이 난다해서 서리 맞은 오이나 호박 등은 먹지 않으며,[11] 몸의 원기를 해친다 하여 닭고기를 먹지 않는 금기도 있다.[12] 또한 음력 8월이나 9월이 되면 생강을 먹지 않는 경우도 있다. 본시 생강은 건강에 좋다 하여 많은 사람들에 의해 애호되지만, 8·9월에 먹으면 수명이 줄어든다는 설 때문이다.[13]

주거 속의 금기문화

　중국은 오랜 세월에 걸쳐 농경문화가 정착이 된 나라이다. 따라서 주택이 갖는 거주 기능을 중시하였을 뿐 아니라, 거주지 자체에 대해서도 집안의 흥망성쇠와 밀접한 연관성을 부여해 왔다. 자신의 가족이나 가정이 지속적으로 발전하고 자손이 번창하기를 원치 않는 가정은 없을 것이다. 이러한 목적에 도달하기 위해 사람들은 주택의 구조나 위치 그리고 방위 등에 많은 신경을 써 왔다. 과거에는 이를 상택(相宅)이라 하여 전문적으로 풍수(風水)를 보는 사람을 초빙해서 매우 신중하게 행하였다. 풍수설(風水說)은 기(氣), 음양(陰陽), 팔괘(八卦) 등 중국 고대 철학과 종교 관념을 그 주요한 이론적 근거로 삼고 있으며, 이는 중국인들의 자연 환경에 대한 인식과 길흉 관념(吉

[凶觀念], 자손 번영에 대한 심리 등을 그대로 반영하고 있었다. 이런 풍수설은 오늘날에 와서는 비록 과거와 같이 아주 엄격하게 지켜지지는 않지만, 주거 관련 풍속에 있어서는 여전히 기본적으로 지켜지고 있는 몇 가지 원칙이 존재하고 있다.

부음포양(負陰抱陽), 남저북고(南低北高)

주거지를 선정하는 데에 있어서 지세(地勢)나 자연 환경에 순응하는 것은 가장 기본 중의 기본인데, '부음포양(負陰抱陽)'의 형세를 취하는 것이 오늘날에도 지켜지고 있는 일반적인 원칙이라 할 수 있다. 부음포양이란 음양학설(陰陽學說)에 의해 음(陰)에 속하는 북쪽을 등지고 양(陽)에 속하는 남쪽을 향하는 것이다. 이는 어둠을 피하고 태양을 마주하는 지리적·기후적 환경을 고려한 매우 과학적인 방법이라 할 수 있지만, 지역에 따라 현지의 제한된 자연 조건으로 인하여 동쪽이나 서쪽으로 향하는 경우도 존재한다. 따라서 방위상의 요구는 아주 엄격히 적용될 수 없지만, 지세(地勢) 면에 있어서 적어도 남저북고(南低北高)의 원칙은 거의 중국의 전 지역에서 지켜지는 대원칙이라 할 수 있다. 그래서 중국에는 '집 앞쪽이 높고 뒤쪽이 낮으면 과부(寡婦)와 고아(孤兒)가 생기고 집안이 망하며, 북쪽이 높고 남쪽이 낮으면 소와 말, 즉 재산이 증식된다'거나 '앞쪽이 낮고 뒤쪽이 높으면, 자손 중에 영웅호걸이 나오며, 그 반대이면 자손이 번창하지 못한다' 혹은 '앞이 높고 뒤가 낮으면 집주인이 사기를 당한다'[14]라는 등의 속담이 있다. 이처럼 남저북고의 원칙은 중국 대부분의 지역에서 기본적으로 지켜지고 있는 금기사항이다. 사실 상식적으로 생각해 봐도 집 문을 나서서 마치 언덕을 오르듯 집 앞이 높으면 필경 매우 불편할 것이다. 집터를 선택함에 있어서 태양을 향하고 (일상생활에서 필수 불가결한) 물이 있는 곳을 선호하며, 그 반대로 습하고 그늘진 곳을 피하는 것도 당연한 이치일 것이다.

대문 앞의 환경에 대해서도 약간의 금기 사항이 존재한다. 집안에 전염병이 쉽게 돈다고 해서 대문 앞에 큰 나무가 가로막는 것을 피하였으며, 건너편 이웃집과 대문은 바로 마주보지 않게 하기도 하였다. 만약 두 집의 대문이 정면으로 바라보고 있으면 두 집안 모두에게 불길하며, 특히 대문이 작은 집이 그 피해가 더욱 크다는 관념이 있다. 또한 문 앞쪽에 무덤이 있는 것은 극력 피하였다. 무덤은 음택(陰宅)이라 하여 음(陰)의 세계에 속하고, 사람이 거주하는 주택은 양택(陽宅)이라 하여 양(陽)의 세계에 속하는데; 만약 집과 무덤이 마주하면 음(陰)과 양(陽)이 서로 상극(相剋)이 되어 매우 불길하다고 여긴다.

나무에 대한 금기와 선호

집을 지을 때 사용하는 재목에도 금기 사항이 존재한다. 중국의 동북 지역, 소위 만주(滿洲)에서는 대들보에 일반적으로 느릅나무를 사용한다. 느릅나무는 중국어로 '유목(榆木)'인데,

'느릅나무로 만든 대들보'를 중국어로 표기하였을 경우 '유량(榆樑, yu liang)'이 된다. 이는 '여유 있는 풍족한 식량'이라는 뜻의 한자어인 '여량(餘糧, yu liang)'과 같은 발음이 되어 좋은 뜻이 연상된다. 동시에 대들보로 뽕나무[桑木]나 복숭아나무[桃木]는 쓰지 않는 지역이 있다. '뽕나무 상(桑, sang)'과 사람이 죽은 것과 관련되는 '상(喪, sang)'의 발음이 같고, 복숭아나무의 한자어인 '도(桃, tao)'의 발음이 '도망치다'의 '도(逃, tao)' 발음과 같기 때문이다. 또한 백양나무의 일종인 피나무[椴木]도 기피 대상이다. 피나무의 '단(椴, duan)'과 '끊어지다'라는 뜻의 '단(斷, duan)'이 발음이 같아서 마치 '자손이 끊어지다'가 연상되기 때문이다.

오늘날 중국 도시에서는 점차로 개인 주택보다는 아파트가 많아지면서 정원수를 심는다는 것이 불가능해지고 있다. 그러나 농가에서는 여전히 뜰 안에 나무를 심는 것이 일반적이다. 그러나 이때 아무 나무나 심는 것은 아니다. 정원수로서 선호되는 나무와 그렇지 못한 나무에 대한 구별이 있다. 정원수로서 환영받지 못하는, 소위 금기의 나무들로는 위에서 언급한 뽕나무, 버드나무 등이 있다. 허난성[河南省] 일대에는 '집 앞에는 뽕나무를 심지 않고, 집 뒤에는 버드나무를 심지 않으며, 뜰 안에는 귀박수(鬼拍手)나무, 즉 버드나무의 일종인 양수(楊樹)를 심지 않는다[前不裁桑, 後不裁柳, 院中不裁鬼拍手]'라는 말이 있다. 이유인즉, 뽕나무는 위에서 언급하였듯이 사람의 죽음과 관련된 '상(喪, sang)'과 발음이 같아서 불길한 느낌을 주기 때문이다. 또, '버드나무 유(柳, liu)'는 '미끄러지다' '떨어지다'라는 뜻의 '유(溜, liu)'와 발음이 같아서 '집안이 쇠락한다'는 것이 연상되고, 동시에 버드나무는 장례식 때 상주(喪主) 지팡이를 만들 때 사용되는 재료이며, 묘지 근처에 심는 나무 또한 이 나무이기 때문이다. 따라서 '버드나무' 하면 '묘지나무' '음(陰)의 나무'라는 이미지가 연상된다.

산둥성 일대와 허난성의 일부 지역에서는 복숭아나무를 심지 않는다. 그 이유는 대들보로 복숭아나무를 사용하지 않는 이유와 같다.

그러나 이렇게 금기시되는 나무가 있는 반면, 그 이름으로 인하여 환영받는 정원수도 있다. 허난성 등 중원(中原) 일대를 다니다 보면 농가의 뜰 안에 '느릅나무[榆樹]'가 심어져 있는 경우가 많이 보인다. 이 나무의 열매를 '유전(榆錢, yu qian)'이라고 하는데, 이 발음은 '풍족한 돈'이라는 뜻의 '여전(餘錢, yu qian)'과 발음이 같아서 집안에 재산이 풍부하기를 기원하는 바람이 기탁되어 있다. 이밖에 일반적으로 사람들에게 복을 가져다준다고 여겨지는 나무로 귤나무[橘, ju]·감귤나무[柑, gan]·감나무[柿, shi] 등이 있는데, 이들 나무의 중국어 발음이 각각 '상서롭다'라는 뜻의 '길(吉, ji)', '달다'라는 뜻의 '감(甘, gan)', '베풀다'라는 뜻의 '사(賜, ci)' 발음과 유사하기 때문이다. 따라서 이들 나무들은 정원수로서 비교적 선호되는 나무들이다.

중국인의 선물문화

　사회생활을 하면서 누군가에게 선물을 하는 경우가 많다. 어떠한 경우냐에 따라서 준비하는 선물의 종류도 틀리게 된다. 정성이 담긴, 받는 이의 마음을 잘 헤아려 주는 선물을 받게 되면 마음이 푸근해진다. 그러나 경우에 맞지 않는 선물은 오히려 상대방에게 심리적 부담을 주거나 오해를 살 수도 있다. 같은 사회에서 혹은 같은 문화권 내에서 사는 사람들 사이에서의 선물 교환은 그래도 크게 문제되는 경우가 없다. 선물이 갖는 의미나 종류에 대해 서로의 인식이 비슷하기 때문이다. 그러나 자신의 문화권을 벗어나 다른 문화권에 사는 사람들에게 선물을 하는 경우에는 사전에 상대방의 문화에 대한 이해가 필요하다. 상호간의 선물 교환은 어느 사회든지 보편

적으로 존재하는 현상이지만, 선물하는 행위의 이면에는 나름
대로의 문화적인 요소가 곁들여 있기 때문이다. 만약 문화적
배경을 모르고 선물을 하는 경우에는 공연한 오해를 불러일으
킬 수도 있다. 특히 종교적 또는 문화적 금기가 엄격한 국가의
외국인에게 선물을 하는 경우, 그들 국가의 문화나 관습을 사
전에 인지하는 것이 바람직하다. 예를 들어 이슬람교도들이
돼지고기를 먹지 않는다는 것은 이미 주지의 사실이다. 따라
서 이들에게 돼지고기를 대접하지 않는 것은 이제는 일반적인
상식이 되었다. 힌두교를 믿는 인도인들에게 소가죽으로 만든
허리띠나 지갑을 선물해서는 안 되는 것도 마찬가지의 이유에
서이다. 이처럼 어느 나라 어느 사회에서든 선물을 하는 경우
주의 사항이 필요하며, 당연히 중국인에게 선물을 하는 경우
에도 알아두어야 할 몇 가지 기본적인 상식이 있다. 이에 대해
본인의 실수담을 곁들여서 다음과 같이 소개하고자 한다.

시계를 선물하다?!

필자가 중국과 수교되기 전인 1991년도에 중국의 모 대학
을 방문하게 되었다. 당시는 중국문화에 대한 인식이 부족한
때여서 별다른 생각 없이 선물로 여덟 개의 괘종시계를 가지
고 갔었다. 당시 우리나라에서는 어떤 기관을 방문할 때 괘종
시계를 준비하는 것이 별 무리 없는 선물이었기 때문이었다.
일반적인 상례에 따라 필자가 속해 있는 학교의 이름과 방문

날짜를 시계 유리판에다 새겨 넣었다. 그리고 중국에 도착해서 그 학교 총장님 이하 각 관련 교수들에게 그것을 하나씩 정중하게 선물로 기증하였다. 후에 안 사실이지만 당시 그 학교에서 근무하는 직원들은 한국 사람들은 매우 이상하다고 여겼고, 외국에서 온 손님들이므로 뭐라고 직접 이야기는 못하고 자기네들끼리 수군대었다고 한다. 이것은 중국의 문화를 몰라서 생긴 자그마한 사건이었다.

탁상시계나 괘종시계 등은 중국어로 '鐘[zhong]'이라고 하는데, 중국인 사회에서는 이런 물건들을 선물하지 않는 것을 원칙으로 한다. '시계를 선물하다'는 중국어로 '송종(送鐘, song zhong)'이라고 하는데, 이 발음은 또한 '송종(送終, song zhong)'과 완전히 같은 발음이다. '송종(送終)'이란 세상을 떠나려고 하는 분 주위에 모여 최후로 그분의 임종을 지켜보는 것을 말한다. 필자가 준비한 괘종시계를 선물로 받은 사람들은 결국 자신의 장례식을 치르는 것이 연상이 되어 기분이 매우 꺼림칙했으리라 생각된다. (다행히도 당시 괘종시계를 받았던 분들은 지금도 매우 건강하게 삶을 유지하고 있으며, 필자와도 지속적으로 깊은 우정을 나누고 있는 분이 꽤 있다.) 이러한 금기는 지금도 많은 중국인에 의해 지켜지고 있다. 단 손목시계 등을 선물하는 것은 무방하다. 손목시계는 중국어로 '표(錶, biao)' 혹은 '수표(手錶, shou biao)'라고 하여 발음상 아무런 불길한 것이 연상되지 않기 때문이다.

선물 속의 금기문화

과일을 선물하는 경우, '배[梨]'는 하지 않는 것이 좋다. 배는 중국어로 '이(梨)'라고 하는데, '이(梨, li)'의 발음이 '이별(離別)하다'의 '이(離, li)'와 같다. 따라서 배는 그 단맛과 수분이 풍부한 과일임에도 불구하고 이별을 상징하는 과일로 분류되어 선물로서는 그다지 환영을 받지 못하고 있다. 특히 병문안을 가는 경우 배는 절대로 해서는 안 되는 금기 선물 목록에 들어간다. 비슷한 이유로 해서 과일은 아니지만 손수건은 가급적 선물하지 않는 것이 좋다. 중국어 속담에 '送巾, 斷根' 혹은 '送巾, 離根'이라는 말이 있듯이 손수건 선물은 상대방과의 관계 단절을 의미하는 경우가 있다. 배는 선물로 사용되지 않을 뿐더러 부부나 연인 사이에서도 배를 갈라 먹지 않는 금기가 있다. '쪼개다' '가르다'는 중국어로 '분(分, fen)'인데, '分[fen]'과 '梨[li]'의 두 단어를 합치면 '분리(分離, fen li)' 즉 '헤어진다'의 발음이 되기 때문이다.

반면에 사과는 병문안뿐 아니라 일반적인 선물로도 많이 오고 간다. 사과의 중국어인 '빈과(蘋果, ping guo)'의 '빈(蘋, ping)' 발음이 '평안(平安)'의 '평(平, ping)'과 같기 때문이다. 사과 이외에도 '길(吉)하다'라는 발음과 유사한 귤, 장수(長壽)를 상징하는 복숭아도 괜찮은 선물에 속한다. 단 전통적인 관습에 좀더 신경 쓴다면 병문안을 갈 때 가능하면 짝수보다 홀수로 준비하는 것이 좋다. 병에 걸리는 것은 결코 좋은 일이 아니기 때문에 이번 한 번으로 끝나라는 의미에서일 것이다. 특히 짝수 중 네 개는 죽을 '사(死)'가 연상되어서 절대로 피해야 할 수량이다. 전통에 좀더 집착을 한다면 병문안은 오전에 하는 것이 원칙이다. 오후는 음양(陰陽) 중 음(陰)에 속하기 때문에 병문안 후 병세가 더 안 좋아지면 어쩌나 하는 노파심에서이다.

한편, 남자 여자가 결혼에 즈음하여 각자 선물 내지 혼숫감을 보내는데, 이때 남자가 보내는 선물 중에 신발은 넣지 않는다. 혹 여자가 이 신발을 신고 사라질까 하는 심리에서이다. 물론 이는 아무런 과학적인 근거가 없지만, 다만 결혼에 즈음하여 모든 면에서 신중하고자 하는 조바심에서 나온 관습일 것이다.

홍콩에서는 사업상 하는 선물 가운데 재스민차를 만드는 데에 쓰이는 '말리 꽃'과 '매화(梅花)' 두 가지 꽃은 빠진다. '말리 꽃'의 중국어인 '茉莉[mo li]'와 '이익이 없다'라는 뜻의 '沒利'가 유사한 발음을 갖기 때문이며, '매화(梅花)'의 '매(梅, mei)'는 '재수가 없다'라는 '倒霉[dao mei]'의 '매(霉)'와 발음이 같기 때문이다.

중국의 신(新)풍속도

기타 오늘날 중국에서 행해지는 일반적인 선물 풍속도를 소개해볼까 한다. 선물을 한다는 것은 일단 아름답고 좋은 일에 속한다. 아름답거나 경사스러운 의미가 담긴 사항에 대해서 중국인들은 일반적으로 짝수로 선물하는 것을 좋아한다. 그래서 결혼식이나 생일날 선물할 때에는 짝수로 하는 것이 원칙이다. 이와 같은 관습은 결혼이나 생일과 같은 경사스러운 일은 한 번으로 끝날 것이 아니라 계속해서 이어지기를 바라는 마음에서이다. 이를 중국어로 '호사성쌍(好事成雙)', 즉 '좋은 일은 쌍으로 이루어진다'라고 한다. 이러한 의미에서 일반적인 선물을 할 때에도 가능하면 짝수로 한다. 중국인들 사이에서는 술이나 담배 등을 선물하는 것이 보편적인 현상인데, 짝수로 하는 것이 좀더 전통적인 선물 방법에 속한다. 그러나 아주 귀한 물건이나 값이 상당히 나가는 것은 홀수로 해도 무방한 것으로 받아들인다.

선물을 하는 풍속이나 관념이 시대에 따라 새로 생성되는 경우도 있다. 우리나라에서도 지금은 매우 보편적인 현상이지만, 2월 14일은 '밸런타인데이'라 해서 이날은 여자 친구가 남자 친구에게 초콜릿을 선물한다. 중국에도 이러한 풍속이 들어왔는데, 이날은 '정인절(情人節, 연인의 날)'이라 해서 함께 식사하면서 상대방에게 초콜릿이나 장미를 선물한다. 우리나라와 다른 점은 남자가 여자에게 선물한다는 점이다. 이런 선물은 연인 사이에서만 하는 것으로 인식되어 있기 때문에 일반적인 남녀 친구 사이에서는 하지 않는 것이 원칙이다.

마찬가지로 연인 사이가 아니라면 남녀 사이에서 넥타이나

허리띠는 선물하지 않는다. 이런 선물들은 상대방을 구속한다
는 의미가 담겨 있기 때문이다. 결혼을 하는 친구가 있으면 친
구들이 이들에게 '커플시계[情人錶]'를 선물하는 것도 새로운
풍속도로 자리를 잡아가고 있다.

중국인의 숫자 관념

특정 사물에 대해 갖고 있는 금기와 선호문화는 숫자에 대한 선호와 기피에서도 극명하게 드러난다. 숫자는 본시 '수 (數)'라는 한자어에서 보듯이, '어리석다'라는 뜻의 '누(婁)'와 '때리다'라는 뜻의 '복(攵)'으로 이루어진 글자이다. 따라서 숫자는 본시 물건을 톡톡 치며 개수를 기억할 수 있도록 셈하는 데에 사용된 부호에 불과하다. 그러나 우리는 일상생활 속에서 무의식중에 어떤 수를 특별히 좋아하거나 혹은 일부러 피하기도 하는 특정한 숫자 관념이 있다. 뿐만 아니라 이러한 관념이 하나의 전통이 되어 특정한 숫자나 횟수가 각종 의례와 민속 등에서 중요한 일부분을 담당하고 있기도 하다. 주변에 산재한 수와 관련된 갖가지 관습·행사·습관들 속에 꼭 그와 같은 숫자를 써야 할 필연성이 있는 것도 아닐 터인데, 우리는 반드시 그러한 횟수와 날짜 혹은 수 등을 사용해야 하며, 어떤 때에는 이에 어긋난 숫자를 사용하면 마음이 불편해지기도 한다. 그 이유는 사실 제사 때마다 습관처럼 행하는 절의 횟수나 상·혼례에 관련된 각종 숫자에 깊은 뜻이 담겨져 있으며, 때로는 숫자 하나하나에 고도의 상징성이 내포되어 있기 때문이다.

우리나라뿐만 아니라 세계의 많은 민족들도 수와 관련된 독특한 문화양상을 가지고 있다. 중국의 경우도 물론 그러하다. 중국인들은 오래전부터 그들의 전통 속에서 특정 숫자에 대해 개수를 셈하는 숫자 이상의 의미를 부여하거나 숭상해 왔고, 이는 중국문화의 중요한 한 부분을 구성하여 왔다. 그래서 오늘날의 중국 민속 중에는 숫자로 구성된 문화적 맥락이 도처에 숨어 있다. 그 결과 특정 숫자들이 중국인들의 생활 각 영역에서 빈번하게 등장하고 있으며, 심지어 어떤 때에는 신비스러운 성격을 갖는 경우마저 있다. 따라서 중국인의 금기와 선호문화를 논할 때 숫자에 대한 논의는 빠뜨릴 수 없는 중요한 부분이며, 이들의 특정 숫자에 대한 선호와 금기는 우리의 상상을 초월할 정도이다.

짝수 VS. 홀수

일상생활 속에서 숫자에 대한 선호와 금기가 있는 한, 결혼이나 장례와 같은 인생의 중대사에 있어서 숫자와 관련된 선호나 금기 사항이 없을 수가 없다. 옛날부터 중국 사람들은 결혼 연령, 결혼 날짜, 결혼 용품의 숫자, 예물의 숫자 등에 대해 신중에 신중을 기하여 왔다. 특히 결혼 날짜의 선택은 부부(夫婦)의 인생에 절대적인 영향을 끼치는 것으로 인식되어 매우 중요시하였다. 그래서 전문적으로 사주(四柱)를 보는 역술가를 통해 택일을 해왔던 것이 관례였다. 하지만 이러한 전통은 중국 대륙에 공산 정권이 들어선 이래 사주나 점술 등이 미신적인 존재로 낙인찍히면서 금지 사항이 되었다. 그 결과 과거와 같이 그렇게 엄격히 행해지지는 않게 되었지만, 그래도 아직까지 어느 정도의 유습은 남아 있다.

일단 결론적으로 이야기해서 중국인들은 결혼하는 날이 짝수 일이면 길일(吉日)로 여긴다. 만약 짝수 월의 짝수 일이면 더욱 좋다. 더욱이 음력이나 양력으로 환산하여 모두 짝수 월 짝수 일이면 더 할 나위 없이 좋은 날이다. 예를 들어 1987년 양력 10월 18일은 음력으로 8월 26일이어서 양력으로든 음력으로든 모두 짝수 월 짝수 일이었다. 게다가 이날은 모두가 휴일을 즐길 수 있는 일요일이었다. 그래서 이날에는 혼례가 거행될 고급 음식점들 대부분이 반년 전부터 좌석이 예약 만료되었다고 한다. (단 죽을 '사(死)'가 연상되는 '4'가 들어가는 날은 가급적 피한다.) 이와 같이 짝수 일을 선호하는 이유는 결혼이란 남녀의 결합, 즉 음양(陰陽)의 결합이기 때문에 서로 짝을 이루어야 하며, 반대로 홀수 일에 결혼을 하게 되면 음양이 분리되어 홀로 될지 모른다는 관념에서 나온 풍속이라 할 수 있다.

홀수 날짜뿐 아니라 전설과 관련되어 기피되는 날도 있다. 대표적인 예로 7월 7일, 즉 칠석(七夕)날에는 혼례를 올리지 않는 것이 중국 대다수 지역의 관습이다. 주지하다시피 칠석(七夕)날은 비록 헤어져 있던 견우와 직녀가 만나는 날이지만, 또 다른 한편으로는 이날 이후 1년간 헤어져 있어야 하는 비극적인 의미가 담긴 날이기 때문이다.

이밖에 결혼에 관련된 여러 풍속 중에서도 짝수가 선호된다. 예를 들면 신부가 신랑집으로 출발할 때 선도하는 남녀 아동도 짝수, 혼숫감으로 보내는 예물도 짝수, 신방이나 결혼식장에 켜놓는 촛불도 두 개, 결혼식장 중앙에 붙여 놓는 축하의 문구(文句)도 좌우 양쪽에 두 장, 기쁨이라는 뜻의 '희(喜)'자도 '쌍 희(囍)'자를 써서 붙이는 등 모두 짝수를 취한다.

한편, 장례에 관한 풍속도 숫자에 대한 일정한 요구가 있다. 이는 주로 '3'이나 '7'과 관련되어 있는데, 예를 들면 사람이 죽은 지 3일 후 장례를 치르는 삼일장, 이승의 사자들이 죽은 자의 영혼을 천당으로 데려갈 수 있도록 기원하는 의식인 영삼(迎三), 매 7일째마다 제사를 지내며 종이돈을 태우는 판칠(辦七) 혹은 소칠(燒七), 49일째 지내는 제사인 칠칠제(七七祭) 등 모두가 '3' 혹은 '7'과 관련된 숫자들이다.

홀수와 짝수만을 놓고 본다면, 중국인들은 일반적으로 짝수를 좋아하는 것 같다. 결혼식 이외에도 생일날 선물할 때에는 짝수로 하는 것이 원칙이다. 이와 같은 관습은 결혼이나 생일과 같은 경사스러운 일은 한 번으로 끝날 것이 아니라 쌍으로 해서 계속 이어지기를 바라는 마음에서 비롯된 것이다. 반대로 장례식과 같은 슬픈 일에는 홀수의 예(禮)로 해야 한다. 이것은 좋지 않은 일은 한 번으로 끝나라는 의미에서이다.

필자가 주로 다니는 중국 북방 지역에서는 손님을 접대할 때 (전통을 중시하는 집안에서는) 요리의 개수도 짝수로 한다. 예를 들면 네 접시, 여섯 접시, 여덟 접시, 열 접시 혹은 열두 접시 등의 단위로 음식을 준비한다. 이들 요리 개수를 가리켜 '육설육완(六碟六碗, 여섯 개의 작은 요리와 여섯 개의 큰 접시 요리, 즉 안주용 요리 여섯, 따뜻한 요리 여섯, 모두 해서 12개의 요리)' '팔설팔완(八碟八碗, 총 16개의 요리)' '사량사열(四凉四熱, 안주용 냉채 넷, 따뜻한 요리 넷, 모두 해서 8개의 요리)' 등으로 부르기도 한다. 결혼식 피로연의 경우는 더욱더 신경을 쓰는 편이다. 이날 나오는 음식은 평소의 식사보다는 요리도 매우 고급이고 종류도 매우 풍성한 편이어서, 경우와 경제 사정에 따라서 18가지, 24가지, 36가지의 각종 요리가 나온다.

물론 모든 경우에 있어서 짝수의 요리로 하는 것은 아니다. 예전에는 죄수들을 처형하기 전에 여섯 개의 요리를 제공하였다고 한다. 그래서 오늘날까지도 중국의 어느 지방에서는 여섯 개의 요리가 상에 올라오는 것을 금기시하기도 한다.

그러나 일반적으로 이야기해서 중국의 대다수 지역에서는 요리를 홀수로 주문하지 않는 것이 기본 원칙이다. 예전에 필자가 중국의 다소 격이 있는 식당에서 중국 친구들을 초대한 적이 있었다. 요리가 나오기 시작하였는데 주문하지 않은 요리가 나왔다. 이유를 묻자 주방에서 주문표를 받아보고는 주문한 요리의 개수가 홀수이길래 서비스 차원에서 요리 하나를 주방장 임의대로 추가해서 짝수로 만들었다는 설명이었다.

중국을 방문했을 때 중국인들이 우리들에게 일반적으로 가장 많이 선물하는 것으로 중국차 혹은 중국술이 있다. 이때 대개의 경우 짝수로 한다. 위에서 언급하였듯이 이는 선물을 할 때 일반적으로 짝수로 하는 것이 오랜 관습이기 때문이다. 특히 결혼이나 생일잔치에 보내는 선물이나 부조금은 반드시 짝수여야 한다. 이는 물론 경사스러운 일이 이번 한 번만이 아니라 계속해서 있기를 바라는 심정에서이다. 중국에서는 이를 '성쌍성대(成雙成對)' 혹은 '호사성쌍(好事成雙)'이라 표현한다는 것은 위에서 언급한 바와 같다.

그러나 중국 전체가 예물(禮物)의 수를 반드시 짝수로 하는 것 같지는 않다. 지역에 따라 다소 차이를 보이고 있는데, 내몽고 자치구 지역에서는 '5'와 관련된 숫자를 좋아한다. 중국 남부에 위치한 푸젠성[福建省] 서부의 일부 지역에서는 '3' '6' '9' 혹은 이들 숫자의 배수(倍數)를 좋아해서 선물을 할 때 이들 숫자와 관련된 예물을 준비한다. 장시성[江西省]의 어떤 지역에서는 노인들이 '8'과 관련된 숫자를 싫어한다. 아마도 숫자 '八'의 모양이 둘로 쪼개지는 형상이어서 이 세상과 작별할까 두려워하는 마음에서인 것 같다.

숫자와 해음 현상

숫자와 관련된 중국인의 금기나 선호 중 가장 두드러진 것으로는 해음 현상에 의해 그 수를 길흉(吉凶)과 연계시키는 것을 들 수 있다. 이런 의미로 볼 때 숫자 '一'부터 '十' 중 현대 중국인들이 가장 좋아하고 숭배하는 숫자는 '八'과 '六'이라 할 수 있다. '八'의 중국어 발음은 'ba'이다. 원래 '八'은 힘들게 이리저리 뛰나 별 소득이 없는 것[扒扒�搬]이 연상이 되어 그다지 환영받지 못하던 숫자였다. 그러나 '八'은 광둥어[廣東語] 발음으로 '발재(發財, fa cai)'의 '發[fa]'와 해음이 된다. 광둥[廣東] 지역은 중국이 개혁개방 정책을 실시한 이후 중국에서 경제발전이 가장 급속하게 이루어지고 있는 지역이다. 동시에 개인의 부 축적에 대한 관심도가 그 어느 지역보다 빨랐다. 그래서 광둥 지역에서는 '八'이 매우 선호되는 숫자이다. 이러한 관념이 전국적으로 퍼져서 오늘날에는 대다수 중국인들이 좋아하는 숫자가 되었다. 즉, '八'은 이제 '돈 많이 버세요[恭喜發財, gong xi fa cai]'를 의미하는 숫자가 되어 있다. 특히 1980년대 이후 오늘날에 이르기까지 '八'에 대한 중국인들의 사랑은 더욱더 강렬해지면 강렬해졌지 줄어들지는 않고 있다. 개혁개방 이후 개인의 부 축적이 허용되면서 물질이 가져다주는 생활상의 여유와 사회적 지위 상승의 중요성을 익히 알고 있는 현대 중국인들에게, '돈 많이 벌대[發財]'라는 단어는 많은 사람들이 추구하는 목표이다. 중국에서는 사람들의 이러한 심리를 이용하여 자동차 번호나 전화번호를 공매에 붙이고 있다. 어느 해에는 북경의 차 번호 '八八八八八'이 수백만 원에 호가되기도 하였다.

연속적인 '八'의 배열 이외에 '五八八八八'도 사랑을 받는 번호이다. '五[wu]'는 '나'라는 의미인 '아(我, wo)'와 발음이 유사해서 '五八八八八'은 '나는 돈을 많이 번다[我發財]'를 의미하게 된다.

'六' 또한 매우 좋은 숫자로 인식된다. '六[liu]'은 봉록(俸祿)을 의미하는 '녹(祿, lu)'과 발음이 유사하기 때문이다. '六'은 '길 로(路, lu)'와 유사 해음이 되기도 하는데, 그래서 특히 자동차를 운전하는 사람한테는 또 다른 의미에서 아주 좋은 숫자로 인식되고 있다. 또한 중국어에는 '66이라는 숫자가 들어가면 매우 순조롭다[六六大順]'라는 말이 있다. 만약 자동차 번호에 '六六'이라는 숫자가 들어가면 운전하는 사람에게는 '가는 길마다 순조롭고 안전한 운전'이란 의미가 되며, 사업을 하는 사람한테는 하는 장사마다 매우 순조롭게 잘 되어 감을 의미하게 된다. 만약 일련번호에 '八'과 '六'이 함께 들어가면 매우 상서로운 숫자로 인식된다. 그래서 중국인들은 자동차 번호나 전화번호 혹은 숫자를 사용하는 기기에 이들 번호가 들어가는 것을 매우 선호하고 있다. 실제로 현재 중국에서는 핸드폰의 번호 끝에 어떤 숫자가 오느냐에 따라 가격 차이가 크게 나고 있다.

숫자 '四'는 예나 지금이나 전통적으로 매우 기피되는 숫자이다. 앞에서 언급하였듯이 '四'는 죽을 '사(死)'와 해음이 되기 때문이다. 만약 집 전화번호의 끝자리에 '14'가 들어가면 중국어 독음(讀音)으로 '邀四[yao si]'가 되어 '要死[yao si]', 즉 '죽으려고 한다' 혹은 '죽어야 한다'와 해음이 된다. 그래서 자동차 번호를 자세히 보면 '14'로 끝나는 번호판은 찾아보기가 힘들다. 자동차를 운전하는데 어느 누가 죽기[要死]를 원하겠는가?

해음에 의해 '二'와 '七'은 선호되는 숫자가 되기도 하고 기피되는 숫자가 되기도 한다. '218'로 되는 숫자 배열이 있다고 가정하자. 중국어 독음으로 이 숫자는 'er yao ba'라고 읽는데, 이 배열은 '兒要發[er yao fa]'와 해음이 되어 '아들 등 자손이 큰 재산을 모은다'라는 뜻이 된다. 그러나 '214'의 숫자 배열이 있다고 가정하면 이는 '兒要死(er yao si)', 즉 '아들이 죽으려고 한다' 혹은 '아들은 죽어야 한다'와 해음이 되어 아주 불길한 뜻이 된다.

위에서 나열한 숫자 독음에 대한 이해를 돕기 위해 부연 설명이 필요하다. 중국인들은 숫자를 읽을 때 정식으로 읽는 방법 이외에, 어떤 숫자는 또 다른 방식으로 읽기도 한다. 이런 예로 '一[yi]'은 '邀[yao]'로, '七[qi]'은 '拐[guai]'로, '0[ling]'은 '洞[dong]'으로 읽는다. 그래서 만약 '2704'라는 숫자 배열이 있다고 가정하면, 이 숫자의 독음은 'er qi dong si'인데, 이는 '아들과 처가 얼어 죽는다[兒妻凍死]'라는 말이 연상되어 매우 기피되는 숫자 배열이 된다.

'七'은 본시 전통적으로 중국인들이 싫어하는 숫자였다. '七'의 모습이 꺾어져 있기 때문에 굴곡 혹은 순탄하지 못함이 연상되기 때문이었다. '七'은 경우에 따라서 '기(氣, qi)' 혹은 '처(妻, qi)'와 해음이 되어, '화를 내다'라는 뜻의 '生氣(sheng qi)'나 '부인'이라는 뜻의 '妻子(qi zi)'를 의미하기도 한다. 어떤 전화번호의 네 자리가 '7757'이 되었다고 가정하면 '부인 때문에 화가 난다[氣氣我妻, qi qi wo qi]'라는 문장과 해음이 되어 부부간에 매일 싸움이 나는 것 같은 인상을 받게 된다. 만약 '779[qi qi jiu]'가 되면 '술을 먹다[吃吃酒, chi chi jiu]'와 해음이 되어 술꾼들이 아주 좋아하는 숫자가 된다. 이 이외에도 '七'은 페인트의 '칠(漆, qi)'과 해음이 되어 페인트 계통의 회사가 좋아하는 숫자가 되기도 한다. 그래서 광둥성 순데[順德]에 있는 모 페인트 회사의 전화번호는 전부 '7'로 채워져 있기도 한다.

최근 보도에 의하면 전통적으로 사랑을 받아오던 숫자 '六'이 상하이[上海]에서는 그다지 환영받지 못하는 숫자가 되고 있다고 한다. 이유인즉 대학 입시 기간에 '6'으로 끝나는 자동차 번호를 단 택시들이 수험생들한테 기피되고 있기 때문이다. '六'은 상하이 지역 발음으로 '떨어지다'의 '낙(落)'과 해음이 되어 시험에 임하는 수험생들한테는 아주 불길한 인상을 준다.

'九'는 전통적으로 매우 환영받는 숫자에 속한다. 옛 중국에서 숫자 '九'는 하늘을 상징하기 때문에 고대에는 하늘의

명을 대신해서 인간을 다스리는 천자(天子), 즉 황제(皇帝)를 상징하는 고귀한 숫자였다. 황제가 사용하는 물건이나 황제가 거주하는 거주지 혹은 일련의 활동 등은 통상 '九'와 관련되어 있는 경우가 많았다. 예를 들면 고대 중국인들은 하늘을 아홉 층으로 나누었으며, 하늘이 개벽된 개천절을 정월 아흐레로 삼았고, 천자(天子)는 일 년에 아홉 차례 하늘에 제사를 지냈었다. 천자가 하늘에 제사를 지내던 장소인 북경의 천단(天壇) 건축물도 도처에 '九'와 관련된 상징적 의의가 많다. 청(淸)나라 황제가 입던 용포에 새겨진 용도 아홉 마리였다. 황제는 '구오지존(九五之尊)'이라 하여 황제가 입는 용포(龍袍)에는 필히 아홉 마리의 용을 수놓게 되어 있다.

오늘날에 와서 '九'는 특히 결혼식 날짜에 많이 사용되는 숫자이다. '九[jiu]'의 발음이 '영구(永久)하다'라는 '구(久, jiu)'와 같기 때문에 검은 머리가 파뿌리가 되도록 영원한 동반자이기를 바라는 신혼부부들이 특히 이 숫자를 선호한다. 중국인들의 이러한 심리를 이용해서 한국의 모 이벤트 회사가 중국인 신혼부부들을 위한 특별 기획을 한 적이 있었다. 즉, 1999년 9월 9일 9시 9분에 제주도에서 중국인들을 위한 집단 혼례식을 거행하기로 한 것이었다. 원래 초청 인원 수도 999쌍으로 하였다. 실제 참석한 인원은 아쉽게도 999쌍을 다 채우지 못하였지만 당시 필자는 중국인의 문화 심리를 이용한 기막힌 비즈니스라는 느낌이 들었다.

'十' 또한 좋은 숫자로 인식된다. 중국인들은 '10'을 단위로 선물을 하는 경우가 종종 있다. 이는 '완전무결하다'라는 '십전십미(十全十美)'의 의미가 연상되기 때문이다.

그러나 여기서 한 가지 짚고 넘어가야 할 것은 모종의 숫자에 대한 선호나 기피가 절대적이지 않다는 점이다. 지역에 따라서 또는 상황에 따라서 동일한 숫자라 하더라도 싫어하고 좋아함이 서로 다른 경우가 상당수 발견되는 것이 사실이다. 예를 들면 일반적으로 '三'이나 '六'은 좋은 숫자의 상징으로 받아들여지는 경우가 많지만, 이들 숫자를 불길한 것으로 보는 지역이나 경우도 있다. 예를 들면 '三'이라는 숫자는 중국어 발음으로 'san'인데, 이는 '헤어지다' '흩어지다'라는 뜻의 '산(散)'이 연상되어 특히 연인들 사이에서는 별로 환영받지 못하는 숫자가 되기도 한다. 반대로 산둥성의 자오둥[膠東] 지역에서는 '三'이 들어가는 날짜를 길일(吉日)로 간주하기도 한다. 또한 중국 동남쪽에 위치한 광둥성의 둥차오저우[東潮州] 사람들은 '三'이라는 숫자를 입에 담는 것을 싫어한다. 그렇지 않으면 화(禍)를 예측하기 힘들다고 믿기 때문이다. 그래서 이곳 사람들은 3시를 2시 60분이라고 말하기도 한다. 후베이성[湖北省] 내에서는 '六'을 불길한 숫자로 인식하는 지역도 있다. 그래서 요리를 만들 때, 특히 달걀 등을 부칠 때에 여섯 개로 하지 않는 관습이 있다. 이로부터 '육점(六点)' 하면 '모자라는 사람'이라는 뜻의 단어도 생겨났다.

'九'나 '四'와 같이 선호와 기피의 성격이 뚜렷한 숫자도 반드시 좋거나, 반대로 무조건 나쁜 숫자로 인식된다고 말할 수는 없다. 푸젠성에서는 '九'의 발음이 그 지역 발음으로 '개 구(狗)'와 비슷해서 기피되는 숫자이며, 또 어떤 지역에서는 '四[si]'가 '만사가 뜻대로 된다'라는 뜻의 '事事如意' 중 '事 [shi]'의 발음과 유사해서 좋은 숫자로 받아들여지기도 한다.

숫자에 대한 관념은 최근에 들어와서 서양의 영향을 받는 부분도 생겨나고 있다. 예를 들면 서양에서 싫어하는 '13'이 중국인 사회에서도 점차 기피되는 숫자로 인식되어 가고 있 고,[15] 연인들 사이에 장미를 선사할 때 한 송이만 선물하는 것 등등이 이에 속한다. 이는 선물을 할 때 한 쌍으로 하는 중국 전통에 어긋난다. 한 송이를 선물하는 이유에 대해서는 '오로 지 한 마음'이라는 '일심일의(一心一意)'의 의미를 부여하고 있다.

숫자와 관련된 기피 현상은 특정 나이에 대한 두려움에서 도 엿볼 수 있다. 나이는 생명의 장단(長短)을 나타내는 숫자 에 불과하지만, 어떤 경우에는 지역에 따라서 마치 생명을 위 협하는 재난의 상징으로 받아들여지는 경우도 있다. 예를 들 어 중국 대부분의 지역에서는 66세를 노인들의 고비라고 여 긴다. 그래서 '나이 예순여섯이 되면 염라대왕이 고기를 먹으 려 한다[年紀六十六, 閻王要吃肉]'라는 말이 존재할 정도이다. 이런 심리적 난관을 극복하고자 중국 동북(東北) 일대에서는 어른이 예순여섯 생신이 되면 아랫사람들이 예순여섯 개의 교자(餃子)를 만들어 드린다. 물론 아주 작게 만드는데 만약 한 번에 다 먹으면 예순여섯의 고비를 무사히 넘길 수 있다고 믿는다. 혹은 딸이 고기 한 덩어리를 선물하기도 한다. 염라대왕이 어른을 데려가지 않는 대신 빚진 고기를 갚는다는 의미에서이다. 어떤 지역에서는 고기를 예순여섯 조각내어 드리기도 한다.

중원(中原) 일대에서 가장 기피되는 나이는 45세, 73세, 84세, 백세 정도가 있다. 45세를 입에 올리기 꺼려하는 이유는 명확하지 않은데, 만약 누가 나이를 물어보면 '작년에 44살입니다'라는 식의 대답으로 나이 금기를 피해가기도 한다. 73세나 84세는 아마 공자(孔子)와 맹자(孟子)의 사망 나이와 관련이 있는 것 같다. 공자는 73세에 죽었으며, 맹자는 84세에 세상을 떠났다. 이들 두 사람 모두 중국인으로부터 추앙받는 성인(聖人)들이다. 후세 유학자(儒學者)들에게는 자신들이 존경하는 성인들이 세상을 하직한 나이를 넘어서 더 산다는 것은 언감생심이었다. 그러한 영향으로 인하여 오늘날까지도 노인들은 73세나 84세가 되는 해를 액년으로 간주해서 매우 조심한다. 백세는 종종 인간 수명의 한계로 간주되는 숫자이다. 그래서 어떤 사람이 백세가 되면 이 숫자를 말하는 대신 99세라고 말하는 경우도 있다.

이상과 같이 오늘날 중국인들의 숫자 관념을 살펴보면, 모종의 숫자에 대한 선호와 기피에 어떤 고정불변의 규칙이 있는 것 같지는 않다. 또, 모종의 숫자에 대한 선호도를 볼 때, 오히려 환경이나 지역 혹은 세월에 따라 변하는 경향이 많음을 알 수 있다.16) 이러한 경향은 숫자에 대한 숭배나 신비성이 절대적이지는 않다는 것을 보여주고 있다. 과거 인간의 의식이 개명되기 전에 숫자에 대한 신비성은 매우 강했을지 모른다. 그러나 오늘날, 숫자에 대한 숭배는 중국인들의 자기 합리화 내지 자기 위안을 위한 하나의 수단으로서, 숫자를 이용하여 신상에 벌어지는 상황이 자신에게 유리한 것으로 전환될 수 있도록 하는 중국인 특유의 정신승리법이라 할 수 있다.

붉은색에 대한 선호

　　행복을 추구하기 위해 중국인들이 애용하는 방법은 색에 대한 금기와 선호에서도 찾아볼 수 있다. '중국인들이 가장 좋아하는 색은 무엇인가?'라는 질문이 나온다면 주저 없이 붉은색이라 대답할 수 있다. 그만큼 중국인들이 붉은색에 대해 갖는 애정은 그 어느 색에 비교할 수 없을 정도로 깊다. 중국이나 대만(臺灣) 등지를 여행하다 보면 도처에서 붉은색이 애용되고 있음을 발견할 수 있다.

　　특정 색에 대한 선호는 전통적으로나 역사적으로나 그 뿌리가 매우 깊다. 중국에서는 일찍이 각 왕조 때마다 상징으로 삼는 색이 서로 달랐다. 『여씨춘추 呂氏春秋』라는 책의 「응동 應同」편에 보면, 황제(黃帝, 중국인의 시조라고 하는 전설적인 인물) 시절에는 황색(黃色)을 자신의 상징색으로 삼았다고 하며, 우(禹, 중국 최초의 세습 왕조인 하 왕조의 시조) 임금 시절에는 파란색을 상징색으로 삼았다고 한다. 그 다음 왕조인 상(商)나라의 건국자인 탕(湯) 임금 시절에는 흰색을 상징색으로 삼았으며, 다음 왕조인 주(周)나라 문왕(文王) 시절에는 붉은색을 상징색으로 삼았다고 하는 기재가 있다. 이를 통해 각 왕조마다 서로 숭상하는 색이 달랐고, 특히 붉은색이 중요시된 것은 늦어도 주나라부터임을 알 수 있다. 그래서 당시 유행하던 글자체인 금문(金文, 주나라 당시에 사용되던 한자를 말하며, 주로 청동기에 새겼다)에 보면 특히 '붉은 적(赤)'자가 많이 출현하고 있다.

붉은색에 대한 명백한 숭배는 한(漢, 기원전 3세기~기원후 3세기)나라 때에도 보인다. 한나라를 건국한 유방(劉邦)은 자신을 적제(赤帝)의 아들이라고 하였다. 적(赤)은 곧 붉은색을 말한다. 이후 붉은색은 권력과 부귀를 상징하는 색이 되었다. 큰 공로가 있는 제후나 장군들이 사는 집의 대문은 붉은색으로 되어 있었고, 그들 집의 기둥이나 창문 등도 모두 붉은색으로 도색되어 있었다. 이로 인해 '주문(朱門, 붉은색 대문)'이나 '주호(朱戶)' 등의 단어가 부귀권세가의 상징이 되었다. 이후 붉은색은 조정 대신들의 공식적인 관복색이 되었는데, 통상 삼품(三品) 이상이 되어야 붉은색 관복을 입을 수 있었다. 반면 하급 관리나 신분이 그다지 높지 않은 사람들은 검은색 복장을 입었다. 이로 인해 여러 색 중 특히 붉은색과 검은색 두 가지 색이 신분의 존비(尊卑)를 구별하는 기준이 되었다.

붉은색이 중국인으로부터 지극한 사랑을 받게 된 이유로 또 다른 것을 들 수 있는데, 예부터 붉은색은 귀신을 몰아내는 색, 즉 벽사(辟邪)의 색으로 인식되었기 때문이다. 다른 색도 아닌 왜 하필 붉은색이 귀신을 몰아낸다고 여겼을까? 이에 대해서는 다음과 같은 추측이 가능하다. 우선 음양(陰陽)의 설로부터 해석을 해보자. 음양설에 의하면 여러 색 중에서 양(陽)의 기운이 왕성한 색은 파란색과 붉은색이다. 이 중에서 특히 붉은색이 더욱 강한 양(陽)의 기운을 갖고 있다고 여겼다. 한편, 중국 사람들은 죽은 사람의 영혼이 활동하는 곳을 음간(陰間), 살아 있는 사람이 활동하는 공간을 양간(陽間)이라고 하였다. 원래 양간과 음간의 세계는 교류를 할 수 없으나 특수한 상황 하에서는 서로 교류할 수 있다고 믿었으며, 특히 밤이나 어두운 곳에서는 더욱 그러할 수 있다고 여겼다. 그래서 귀신에 관한 이야기는 대부분 밤을 배경으로 하고 있다. 귀신들의 속성인 음기(陰氣)를 물리치기 위해서는 강력한 양(陽)의 기운이 필요하다. 이때 주로 사용되는 색이 바로 붉은색이다. 앞서 말했다시피 파란색과 붉은색 중 특히 붉은색이 양(陽)의 기운이 강하며, 또한 이 색이 태양을 상징하고 있기 때문이다. 중국인들은 음(陰)의 세계와 양(陽)의 세계가 교류하는 데 있어서 가장 큰 장애가 햇빛이며, 해가 동녘에 뜰 무렵 모든 귀신들은 도망간다고 생각하였다. 귀신들이 가장 싫어하는 것은 태양이며, 태양의 색인 붉은색을 사용하면 귀신들이 접근하지 못하리라 생각하였던 것이다.

시대가 흐르면서 붉은색에 대한 숭배는 귀족사회로부터 점차 민간에까지 퍼져서 이제는 중국인 모두가 좋아하는 색이 되었다. 그래서 오늘날에도 어떤 사람이 중요한 자리에 발탁되면 그 사람을 '홍인(紅人, 인기 있는 사람)'이라고 부르며, 영화계나 연극계에서 인기가 있는 배우들을 '홍성(紅星, 붉은 스타, 즉 인기 연예인)'이나 '홍각(紅角, 붉은 배역, 즉 인기 있는 역할을 맡는 연예인)' 등으로 부른다. 특히 중국 사람들의 경사스러운 활동, 예를 들면 결혼식을 참관해 보면 사방이 온통 붉은색으로 도배되어 있음을 알 수 있다. 결혼식장 바깥에서는 귀신을 쫓아내기 위해 굉음을 내는 폭죽을 다발로 터뜨리는데, 이 폭죽 색깔 역시 붉은색으로 되어 있다. 결혼식장 내부에서도 붉은색이 많이 사용된다. 신부가 입는 결혼 예복도 붉은색이고, 결혼 피로연에 사용되는 식탁 위에도 붉은색 탁자보가 덮여 있다. 결혼식에 초대하는 초청장도 바탕이 붉은색으로 되어 있으며, 결혼식에 참가하는 손님들이 내는 부조금 봉투도 필히 붉은색이다. 우리나라에서는 보통 흰색 봉투에다 점잖게 '축결혼(祝結婚)' 혹은 '축화혼(祝華婚)'이라고 쓴다. 그러나 중국인들의 결혼식 부조에는 절대로 흰색을 사용해서는 안 된다. 흰색은 죽음을 의미하는 금기의 색이기 때문이다. 중국인들의 장례식 때에 주로 쓰이는 색깔이 바로 흰색이다.

한국에는 적지 않은 화교(華僑)들이 살고 있다. 이들 대부분은 중국 동쪽에 위치한 산둥성에서 건너온 중국인들의 후예들

65

이다. 그들은 비록 몸은 한국에 살고 있지만 정신은 여전히 중국 사람들이다. 언어도 중국어를 쓰고 여간해서는 한국에 동화되지 않는다. 그래서 그들의 일상생활 중 많은 부분은 중국 전통의 모습을 그대로 간직하고 있다. 관념은 물론 말할 것도 없다. 그런데 한국에서는 결혼식 초청장이나 부조에 사용할 붉은색 봉투를 구하기가 여간 어렵지 않다. 그래서 어떤 화교들은 사전에 대만이나 중국에서 봉투를 사다가 사용하기도 한다. 만약 갑작스럽게 붉은색 봉투를 사용해야 할 경우에는 편법으로 붉은색 포장지로 돈을 싸서 부조를 한다.

중국에서는 춘절이라고 부르는 음력 정월 초하루 날에는 두 장의 종이에 서로 대칭되는 내용의 글을 써서 대문 양쪽에 붙인다. 이를 춘련(春聯)이라고 하며, 주로 집안의 평안을 빌거나 새해에는 돈을 많이 벌게 해달라는 내용들이다. 이 춘련도 필히 붉은색 종이 위에 붓으로 쓰는데, 이 색이 사악한 기운을 물리치는 색이기 때문이라는 것은 위에서 언급한 바 있다. 따라서 붉은색 바탕의 춘련을 붙이는 것은 평안함을 기원하는 동시에 사악함이 집안을 침범하지 못하게 하는 의미가 담겨 있는 것이다. 춘련은 구정 연휴 기간에만 붙여 놓는 것이 아니라 종이가 헤어질 때까지 일 년 내내 계속 붙여 놓는다.

복장에도 예외 없이 이러한 관념이 적용되고 있다. 중국인들은 붉은색의 옷은 모두 사악함을 물리친다고 믿고 있으며, 특히 젊은 여성들이 붉은색 옷을 입는 것은 귀신이 부인으로 삼기 위해 잡아가는 것을 막기 위한 것이라고 굳게 믿는다. 아이들이 붉은색 옷이나 바지를 입거나 혹은 붉은색 주머니를 차고 다니는 것도 다 귀신이 와서 방해 놓는 것을 막기 위함이다. 마찬가지 이유로 환자들이 붉은 두건을 두르는 것에는 병마가 어서 몸에서 떠나기를 원하는 바람이 담겨져 있는 것이다. 또한 자신이 태어난 띠의 해(매 12년)에 만약 붉은색 허리띠를 하거나 붉은색 양말을 신지 않으면 염라대왕이 찾아오거나 재난을 당한다고 믿기도 한다.

이러한 경향은 우리나라에도 어느 정도 영향을 끼친 것 같다. 우리나라에서도 중국과 마찬가지로 붉은색에 귀신을 몰아내는 의미가 담겨 있는 경우가 있다. 예를 들면 악귀를 쫓는 부적에는 붉은색으로 글씨나 그림을 그려 넣으며, 도장을 찍을 때 사용하는 인주도 다른 색이 아닌 붉은색이다. 사람이 죽으면 시체를 넣는 관에 옻칠을 하고 붉은 비단을 관 속 사방에 붙여 사악한 기운이 침범하지 않도록 하는 것도 같은 의미로 볼 수 있으며, 동짓날 붉은색의 팥죽을 먹음으로써 귀신을 몰아내는 행위 등등 유사한 예가 상당수 있다.

이상과 같이 붉은색은 길조를 상징하는 색이라 할 수 있는데, 장례와 같은 흉사(凶事)에는 붉은색은 반대로 금기시되는 색이기도 하다. 다시 말해 붉은색은 경사스러운 상황에서 매우 숭상되는 색이지만, 그 반대의 경우에는 흉함을 더욱 흉하게 할 수 있어서[于吉事爲吉, 于凶事爲凶] 금기시되는 색이다. 중국인들은 장례식에서는 붉은색의 복장을 착용하지 않으며, 문상객들에게도 붉은색 옷은 입지 말아야 할 금기 사항이다.

붉은색은 피의 색과 같아서 상황에 따라서는 상해(傷害) 혹은 유혈(流血)과 관련된 공포심을 유발시킬 수도 있는 색이며, 또 다른 이유로는 붉은색은 강한 양(陽)에 속하며 죽음은 음(陰)에 속하기 때문이다. 만약 산 사람들이 붉은색을 입게 되면 죽은 자가 속하게 되는 음(陰)의 세계와 충돌이 되어 음양(陰陽)의 조화가 깨져서 죽은 자에게 좋지 않은 상황이 발생할까봐 두려워하는 심리에서 나온 것이라 추측할 수 있다.

좋은 색으로 숭상받는 색이 있는 반면 조심해야 할 색도 있다. 전통적으로 중국에서는 붉은색 이외에 황색(黃色), 자색(紫色) 등이 귀한 색으로 대접받아 왔다. 이들 색은 과거에는 황실이나 귀족계층의 전용색이어서 일반 백성들이 특히 복장에 사용해서는 안 되는 금기의 색이었다. 이를 위반할 시에는 역적 혹은 찬탈이라는 커다란 죄명을 뒤집어쓸 수 있어서 매우 조심해야 할 색이었다. 복장에 사용되는 색은 단지 색 자체가 아닌 신분의 고귀함을 나타내는 상징이기 때문에, 일반 백성들이 이들 색의 복장을 착용하지 못하는 것은 사실상 서민으로서는 신분상 넘겨다보지 못할 금기체(禁忌體)에 대한 금기였던 것이다. 물론 이런 구분은 시대가 바뀐 오늘날에는 그저 과거 역사상의 흔적으로만 남아 있다.

한편, 길상색(吉祥色)에 대비되는 흉색으로 흰색과 검은색을 꼽을 수 있다. 이들 색에 대한 금기는 특히 복장에서 잘 나타나고 있는데, 이들 두 색은 특히 죽음과 깊은 관련이 있다. 과거부터 오늘날까지 장례식에 가장 많이 등장하는 색이 바로 이 두 가지 색이다. 흰색이 장례식과 관련된 색이 된 것은 역사적으로 꽤 오래전의 일이다. 일찍이 유가(儒家) 경전 중의 하나인 『예기 禮記』「곡례 曲禮」편에 보면 '부모가 생존해 있을 시 자녀는 순수한 흰색의 의관(衣冠)을 착용하지 않는다'라는 구절이 나온다. 옛날에는 염색이 발달되어 있지 않아서 일반 백성들은 흰색을 입는 경우가 많았다. 하지만 완전한 흰색이라기보다는 아마도 다른 색을 띠는 흰색이었을 것이다. 위의 구절은 '순수한 흰색'이 이미 장례식에 사용되고 있는 색이라는 것을 암시하고 있는 것이다. 이 전통은 오늘날에도 이어져 일반적으로 중국인의 장례식에서는 백색으로 된 복장과 검정 두건을 두르는 지역이 많다. 따라서 흰색과 검은색은 쉽게 흉사나 장례 등 불길한 일을 연상케 한다. 특히 결혼식이나 아이의 탄생 혹은 춘절 때에는 이들 색의 복장을 착용하지 않는 것이 원칙이다.

중국인의 언어 사용

　언어는 본래 사회교제를 위한 도구이다. 이를 통해 사상을 교류하거나 소식을 전달하며 서로 간의 이해를 도모하는 것을 주목적으로 한다. 그러나 이 과정에서 사람들은 종종 언어적 장애를 겪게 된다. 여기서 언어적 장애란 물리적으로 언어를 구사하지 못하는 것을 의미하는 것이 아니라, 어떤 경우에 어떤 언어를 임의로 사용할 수 없는 것을 말한다. 사람들은 이들 언어가 가져올 재난을 걱정하거나, 혹은 이것이 타인에게 불길한 전조(前兆)로 작용할까봐 전전긍긍하며 특정 언어 사용에 대해 조심하게 된다. 이는 언어가 마치 마력(魔力)을 갖고 있다는 착각마저 불러일으키기도 한다. 무슨 말을 하면 그 내용 그대로 현실화되거나 혹은 불길한 내용이 실제로 발생할지도 모른다는 생각 때문에 언어 사용에 대한 각종 금기 및 기피 사항이 생겨나게 되었다고 할 수 있다. 이런 현상은 명절날일수록 더욱 엄격히 지켜지고 있는 경향이 있는데, 명절 중 특히 새해의 첫날인 춘절에는 각종 불길한 말, 예를 들면 '깨지다' '못됐다' '죽다' '귀신' '잃다' '자르다' '끝났다' '빈궁하다' '병났다' 등등의 단어는 가급적 입에 올리지 않는다. 중국인들은 이들 불행에 관련된 단어들에 대해서 일종의 '설흉진흉(說凶眞凶)'이란 금기가 있다. 즉, 이런 단어들을 발설하면 진짜로 그 단어대로 될까 두려워하는 심리이다. 여기에 속하는 대표적인 단어들로는 흉(凶), 악(惡), 쇠(衰), 약(弱), 빈(貧), 궁(窮), 역(逆), 비(悲), 애(哀), 비(卑), 천(賤), 괴(壞), 사(死), 망(亡), 병(病), 상(傷), 화(禍) 등등이 있다. 이들 단어들은 불행과 관련된 의미를 지니고 있기 때문에, 경사스러운 행사나 명절날에는 물론 평시에도 가능한 한 이들 언어들은 사용하지 않는 금기가 있다. 아주 비근한 예를 하나 들어보자. 이웃집 아이가 약하게 보인다고 해서 아이의 부모에게 '아이가 병이 났나요?'라는 식의 질문은 해서는 안 된다. 이러한 금기는 중국의 많은 지방에서 지켜지고 있다. 이것은 '병(病)'이라는 단어가 발설됨으로 인해서 진짜로 그 아이가 병이 생길까 두려워하는 심리, 또 정말로 애가 병이 나 있는 상태라면 그 병의 증세가 더욱 심해질까 두려워하는 심리에서이다. 하지만 이들 단어들과 관련해서는 일상생활에서 어쩔 수 없이 사용해야 하는 경우도 있기 때문에 부득이한 경우 다른 단어로 완곡히 표현하기도 한다.

피휘(避諱)

언어 금기의 대표적 사례로 이름에 대한 각종 금기를 들 수 있다. 중국에서는 전통적으로 돌아가신 조상의 이름을 직접 입에 올리지 않는 금기가 있어 왔다. 이는 꺼려하는 존재에 대한 기피 심리보다는 신성한 존재에 대해 불공(不恭)을 범하지 않기 위해 생겨난 금기라 할 수 있다. 이런 금기가 언제부터 시작되었는지는 확실히 고증할 수 없지만, 일찍이 진(秦)·한(漢) 때에 이미 죽은 사람뿐만 아니라 생존해 있는 조상의 이름에 대한 금기가 생겨나기 시작하였다고 한다.

중국에서는 고대로부터 '피휘(避諱)'라는 금기 사항이 존재해 왔다. 이는 오늘날까지도 부분적으로 지켜지고 있는 사항으로, 중국의 아주 특이한 문화 풍속이라 할 수 있다. 소위 '휘(諱)'란 제왕(帝王)·성인(聖人) 혹은 윗사람의 이름을 가리킨다. 사람들은 말을 하거나 글을 지을 때 마음대로 이 분들의 이름을 사용하지 못했고, 동일한 글자를 사용해야 할 경우에는 다른 글자로 바꾸어 썼는데, 이런 금기를 피휘라 한다. 이는 이들 이름 자체가 신성한 권위를 갖고 있어서, 이름을 마음대로 사용하는 것이 그들의 존엄성을 낮추는 행위로 간주되었기 때문이다. 특히 봉건사회에서 제왕(帝王)의 이름에 대한 금기는 '국휘(國諱)'라 하여 모든 백성과 신하가 반드시 지켜야 하는 절대적인 규범이었다. 국휘는 주로 서주(西周) 이래 자주 등장하기 시작하는데, 이는 제왕 자신의 권위를 높이는 작용뿐만 아니라 통치자들이 자신의 안전을 도모하기 위해서, 즉 다른 사람들이 자신의 이름을 사용하여 주술을 걸거나 혹은 자신의 이름을 써 넣은 물건이나 종이를 훼손하지 못하도록 하는 데에 그 주목적이 있었다 한다. 일단 국휘를 범하게 되면 그 사람은 신상에 커다란 재난을 각오해야 했다. 이것과 관련해 다음과 같은 몇 가지 예를 들 수 있다.

문헌의 기재에 의하면 중국을 최초로 통일한 진시황(秦始皇)은 그의 이름이 정(政)이었다. 따라서 당시에는 황제(皇帝)의 이름을 피하기 위해 정월(正月)의 '정(正, 政과 발음이 같음)' 대신에 유사한 뜻을 가진 '단(端)'자를 써서 '단월(端月)'이라고 표기하거나 혹은 발음은 같되 성조(聲調, 음의 높낮이)가 다른 '정월(征月)'이라고 표기하였다.

자손이 대대로 계승되어 내려가는 것을 일세(一世), 이세(二世), 삼세(三世)라고 칭한다. 그러나 당태종(唐太宗) 때부터는 이 '세(世)'라는 글자를 사용하지 못하고 대신 같은 뜻을 갖는 '대(代)'라는 글자를 사용하기 시작하였다. 당태종의 이름이 이세민(李世民)이었기 때문이었다. 이런 금기는 더욱더 엄격해져서 후에는 세상을 떠난 7대 이전의 군주의 이름에 대해서도 국휘(國諱)를 해야만 하였다.

당고조(唐高祖) 때에는 그의 조부인 이호(李虎)의 이름을 피하기 위해 '호랑이 굴에 들어가지 않고 어찌 호랑이 새끼를 잡을 수 있으랴[不入虎穴, 焉得虎子]'는 속담 중의 '호(虎)'라는 글자 대신에 짐승 '수(獸)'를 사용해, '짐승 굴속에 들어가지 않으면 어찌 짐승의 새끼를 잡을 수 있으랴[不入獸穴, 焉得獸子]'로 바뀌는 해프닝도 벌어졌다.

청(淸)나라 강희(康熙) 황제의 이름은 '현엽(玄燁)'이었다. '현(玄)'자를 피하기 위해 '玄' 대신에 한 획을 줄여 쓰거나 아예 '원(元)'자로 대신하기도 하였다. 그래서 당시 씌어진 문장 속에서는 한(漢)나라 시대의 유명한 유학자인 '정현(鄭玄)'의 이름도 '정원(鄭元)'이라고 표기되었다. 또한 마찬가지로 한(漢)나라 학자인 양웅(楊雄)의 저서인『태현 太玄』도『태원 太元』이라고 표기하였다. 중국 고대 문헌을 읽다 보면 틀림없이 같은 인물이나 같은 저서인데도 어느 시대의 판본(板本)이냐에 따라 글자가 틀린 경우를 발견할 것이다. 그 이유가 바로 이와 같은 국휘(國諱)로부터 유래되는 것이다.

황제의 이름에 대한 금기가 얼마나 엄격하였는지는 원(元)나라 법전(法典) 중에 금기하여야 할 글자가 160개나 되었다는 사실에서 찾아볼 수 있다. 명(明)나라나 청(淸)나라 때에도 이에 대한 금기는 더욱더 엄격해서 필화(筆禍)인 문자옥(文字獄)의 주요 동기가 되기도 하였다. 이를 피하기 위해 황제의 이름과 같은 글자에 직면하게 되면 위의 경우와 같이 글자를 다른 글자로 바꾸어 쓰거나, 혹은 아예 그 글자를 써야 할 칸을 비워버리거나, 그것도 아니면 그 글자를 쓰되 획을 하나 생략해버리는 방법 등이 사용되었다. 그러나 이와 같이 황제의 이름에 대해 아무리 신중에 신중을 기하였어도 결국 견강부회적인 해석으로 목이 날아간 경우도 있었다. 예를 들면 옹정(雍

正) 임금 때, 어느 과거(科擧) 시험 출제관이 '유민유지(維民維止)'라는 제목을 내었다. 이 글은 원래 중국 고대의 시가집(詩歌集)이며 동시에 유가(儒家) 경전 중 하나인 『시경 詩經』의 한 구절이다. 그러나 '유(維)'자는 '옹(雍)'자의 하반부에 해당되고, '지(止)'자는 '정(正)'자의 하반부에 해당되어 이는 옹정(雍正) 황제의 머리를 잘라버린 것이라는 해석이 되었고, 결국 이 출제관은 죽임을 당하였다고 한다.

황제의 이름뿐만 아니라 조상이나 부모의 이름을 입에 직접 올리는 것도 금기되었다. 예를 들어 한(漢)나라의 유명한 사학가(史學家)인 『사기 史記』의 저자 사마천(司馬遷)은 아버지의 이름이 사마담(司馬談)이었다. 그래서 사마천은 아버지의 이름을 피하기 위해 『사기』에 등장하는 이담(李談)이라는 인물을 이동(李同)이라고 바꾸어 표기하고 있다.

이러한 전통은 처음에는 귀족 사이에서만 성행하다 서서히 민간사회에서도 유행하여 하나의 풍속으로서 오랜 세월을 흘러오게 되었다. 1911년 발생한 신해혁명(辛亥革命)은 중국 최후의 봉건 왕조인 청(淸)나라를 멸망시켰다. 청왕조의 멸망과 함께 2천여 년을 이어오던 피휘(避諱)제도도 종말을 고하였다. 그러나 그 흔적은 현대 중국사회에도 그대로 남아 있어서 자녀들은 대부분 윗사람의 이름을 직접 입에 올리지 않는다. 그분들이 어렸을 때 사용하던 아명(兒名)은 더욱더 그러하다. 이름을 부르지 못할 뿐만 아니라 아랫사람의 이름을 지을 때 윗사람의 이름과는 달라야 하며, 다른 글자라 하더라도 같은 발음이나 유사한 발음을 갖는 글자는 사용하지 못한다. 이는 세대가 달라도 같은 이름을 사용하면서 뒤에 1세, 2세 등의 호칭을 붙이는 서양의 경우와 매우 대비된다. 만약 상대방이 자신의 부모의 이름을 물어보는 경우에는 어쩔 수 없이 그대로 부모의 이름을 입에 올리긴 하지만, 이때 대답하는 이의 마음이 편한 상태는 아니다. 우리나라에서는 '무슨 자, 무슨 자, 무슨 자'라고 한 글자씩 떼어서 대답함으로써 이름에 대한 금기를 피해 가는 지혜를 발휘하기도 한다.

윗사람을 호칭할 때 이름 금기를 피하기 위해서 가장 좋은 방법은 우리와 마찬가지로 할아버지(爺爺, ye ye), 할머니(奶奶, nai nai) 등의 연배와 관련된 호칭을 사용하는 것이다.

이름 이야기가 나온 김에 이름에 관련된 중국의 재미있는 풍속에 대해 조금 더 소개하고자 한다. 중국인들은 고대로부터 아이에게 아주 천박하거나 이상한 이름, 심지어는 동물 호칭 등으로 아명(兒名)을 삼곤 했다. 이 풍속은 오늘날까지 그대로 답습해져 오는 경우가 많은데, 아명이란 집안에서 아이에게 본명 이외의 또 다른 이름을 지어주는 것을 말한다. 이 이름은 주로 아이들이 학교에 들어가기 전까지 사용하는데, 사람에 따라서는 성인이 된 후에도 아명이 본명보다 더 자주 쓰이는 경우가 있다. 아명을 짓는 관습은 그 역사가 매우 오래되었다. 고대 이래로 신분의 높고 낮음이나 남녀의 구별 없이 아명을 지어주는 것이 일반적인 관습이었다. 공자(孔子)는 '구(丘)'라는 아명을 사용하다가 이 이름이 그대로 정식 이름이 되었다. 또, 동진(東晉) 시대의 유명한 시인인 도연명(陶然明)의 아명은 계구(溪狗, 시냇가의 개)였고, 송나라 때 유명한 재상이었던 왕안석(王安石)의 아명은 환랑(獾郎, 오소리)이었다.

일반 사대부뿐만이 아니었다. 심지어는 제왕(帝王)들도 마찬가지로 아명을 갖고 있었다. 『삼국지 三國志』에 나오는 위무제(魏武帝) 조조(曹操)의 아명은 '아만(阿瞞, 거짓말쟁이)'이었으며, 송(宋)나라 효종(孝宗)의 아명은 '소양(小羊)'이었다. 이런 예로 보아 아명은 신분의 고하를 막론하고 어떤 사람이든지 하나씩 갖고 있는 것이 원칙이었음을 알 수 있다. 한 가지 재미있는 현상은 고상하지 않은 이름이 압도적으로 많다는 것이다. 우리나라의 경우에도 농촌에서는 개똥이나 돌쇠 등과 같은 이름이 흔하였는데, 중국에서도 예를 들면 첫째 애는 '대추(大醜, 큰 못난이)'로, 작은 애는 '소추(小醜, 작은 못난이)'로 부른다거나, 혹은 뢰아(賴兒, 뺀질이)·취취(臭臭, 臭는 썩은 냄새라는 뜻)·구시(狗屎, 개똥이), 또는 신체의 특징을 따서 대안(大眼, 왕눈이)·편두(扁頭, 짱구) 등등으로 부르는 경우가 많다. 이러한 이름들은 듣기에도 매우 거북하지만 나름대로 이유가 있었다. 이전에는 물질 수준도 그다지 높지 않았고, 위생 상태나 의학이 제대로 발달되어 있지 않아서 어린아이들이 요절하는 경우가 많았다. 그래서 부모들의 제일 큰 희망은 아이들이 건강하고 아무 탈 없이 무럭무럭 자라나는 것이었다. 옛사람들은 일반적으로, 막 키운 아이들은 들에서 마음대로 자라나는 들풀처럼 저항력이 강해서 생존율이 높고, 반대로 애지중

지하거나 지나치게 귀여움을 받는 아이들은 온실에서 자라나는 귀한 꽃같이 오히려 저항력이 약해서 질병이나 위험에 대한 면역성이 떨어지는 것으로 인식하였다. 그래서 단단함을 상징하거나 혹은 아무렇게나 무럭무럭 자라나라는 뜻에서 그다지 고상하지 않은 이름을 지었다. 또한 사람들은 아이가 요절하는 것은 염라대왕이나 귀신들이 그 아이를 데려가기 때문이라고 생각했다. 더구나 아이의 이름이 좋으면 좋을수록 귀신들이 선호하기 때문에, 귀신들이 주의를 기울이지 않도록 이상하고 천한 이름으로 지어서 건강하게 무럭무럭 자라나기를 기대하곤 했다.

같은 의미에서 남자 아이에게 여자 아이의 이름을 지어주는 경우도 있었다. 봉건 관념에 의하면 여자의 지위는 남자보다 비천하기 때문이다. 또한 남자에게 여자 이름을 지어주면 귀신들이 혼동을 일으켜서 함부로 데려가지 않는다는 관념도 있었다.

이름을 지을 때는 음양오행사상의 상생상극설에 따라 쓰지 못하는 글자가 정해지기도 한다. 예를 들어 아이의 운명 속에 목(木)·화(火)·토(土)·금(金)·수(水)의 오행(五行) 중 금(金)이 부족할 경우, 금(金)을 극(剋)하는 화(火)가 들어가는 글자는 사용하지 않는다. 예를 들면 '엽(燁)'과 같이 '불 화(火)'자가 들어간 글자 등이다. 혹은 반대로 그 아이의 사주 중 만약 목(木)의 덕성이 부족하다면 이름 중에 목(木)의 기운을 갖는 글자를 넣어 주기도 한다. 예를 들면 표(杓)·빈(彬) 등과 같은 글자들이 그러하다.

거북은 장수를 상징한다?

호칭에 관련된 금기 사항 중 절대 사용해서는 안 되는 단어 하나를 소개할까 한다. 다름 아닌 '거북이'이다. 우리나라에서 거북이는 장수를 상징하는 매우 상서로운 동물로 여겨진다. 그래서 간혹 오래 묵은 거북이나 특이한 특징을 가진 거북이가 그물에 걸리면 매우 신성한 존재로 여겨져 다시 정중하게 바다로 돌려보내는 경우가 신문지상에 등장하기도 한다. 중국에서도 원래 거북은 장수의 상징으로 여겨져서 사람들의 사랑을 받던 중요한 동물이었다. 장수도(長壽圖)에서 절대 빠질 수 없는 단골 주객이었으며, 예로부터 봉황·용·기린(麒麟, 현존하는 아프리카의 기린이 아닌 상상 속의 동물임) 등과 함께 사령(四靈, 네 가지의 영험한 동물)으로 숭배받던 상서로운 존재였다. 또한 먼 옛날 상(商)나라 시대(B.C 18세기~B.C 11세기) 때, 국가 대사를 신(神)에게 물어서 결정하던 신권정치(神權政治) 시절에도 거북이의 껍질을 이용해서 점을 볼 만큼 거북은 매우 신성한 존재였다. 하지만 오늘날에 와서 만약 상대방에게 '왕팔(王八, 거북의 별칭)'이나 '거북이 아들' '오구(烏龜, 검정 거북)'라고 말하게 되면 금세 주먹이 오고 갈 만큼, 이제 '거북'은 상대방에게 커다란 모욕을 주는 욕이 되고 있다. 상서로운 존재였던 거북이 왜 이렇게 푸대접받는 지위로 전락이 되었을까? 이러한 변화는 아마 당(唐)나라 때부터 시작된 것으로 추정이 된다. 당시 환락가에서 근무하던 사람들은 모두 머리에 녹색의 두건을 두르고 있었는데, 거북이의 머리도 녹색을 띠고 있다. 그래서 민간에서는 녹색 두건을 두르고 있는 홍등가 사람들이 마치 거북이 목과 같이 보인다고 하여 이들을 거북이라고 호칭하였다. 또한 이들 남정네들의 여자들은 대부분 홍등가에서 기녀 노릇을 하였는데, 이들 기녀들을 오구(烏龜)라고 불렀다고 한다. 이후 남자들 사이에서 거북이라는 단어는 가장 기피되는 호칭으로 변하였으며, 이런 관습은 오늘날까지 그대로 이어져 내려오고 있다.

중국의 신조어

중국인들의 언어 습관 중에는 성(性)이나 성기(性器)에 관련된 언어는 가급적 직접적인 언급을 회피하려는 경향이 있다. 이런 단어를 그대로 입에 올리면 그다지 고상하지 못한 사람으로 인식된다. 부득불 성기에 관련된 단어를 써야 할 경우에는 하부·음부 등의 단어로 대체하여 사용한다. 성행위는 '판사(辦事, 일을 하다)' '방사(房事)' '동상(同床, 침대를 같이한다)' '부부생활' 등으로 완곡히 표현한다. 성기와 관련된 생리 현상도 '대변(大便)' '대해(大解, 큰 것 해결하기)' '해수(解手, 용변을 보다)' '상측소(上厠所, 측간에 간다)' 등으로 돌려서 표현한다. 여자들의 월경(月經)도 직접 그 단어를 쓰기보다는 '예가

(例假)'라는 새로운 단어를 만들어서 사용한다. 뜻인즉, '휴가지만 급여는 그대로 받는다'라는 뜻인데, 이는 여자가 월경을 하게 되어 직장에 휴가 신청을 하게 되더라도 급여는 변함없이 지급되기 때문에 생겨난 신조어이다. 또, 피임(避姙)이라는 단어도 '계획생육(計劃生育)'이라는 단어로 대신하고 있다. 이 역시 '산아제한' 혹은 '가족계획'이라는 뜻을 가진 신조어이다.

금기의 극복

금기란 결국 어떠한 유형이든지 간에 인간들이 초자연적인 존재나 길흉화복에 대해 막연히 갖고 있던 관념적인 현상에 지나지 않는다. 인간의 지혜가 발달하기 이전에는 물론 초자연적 존재에 대한 두려움으로 인하여 금기를 범한다는 것 자체가 매우 두려웠을 것이다. 그러나 일단 이러한 외경(畏敬)의 심리로부터 벗어나서 모종의 금기에 대한 강박감을 극복하였을 경우, 그 금기는 더 이상 범해서는 안 되는 그런 신성한 존재가 될 수 없다. 근대에 들어와서 과학이 발달되고 인류가 몽매한 상태를 벗어남에 따라 초자연적인 존재에 대한 두려움이나 숭배의 정도가 감소되었고, 이에 따라 금기에 대해 막연히 갖고 있던 두려움도 자연스레 감소될 수밖에 없었다. 따라서 금기의 점진적인 소멸은 일단 사회발전에 따른 자연스러운 현상으로 이해될 수 있다.

한편 앞에서 언급한 사례를 통해 중국인들이 가진 금기의 성격을 규명해 보면, 신령(神靈)과 관련된 것보다는 중국어가 갖고 있는 언어적 특징으로부터 생성된 금기가 상당히 많음을 알 수 있다. 이들 대부분이 불길한 것과 관련된 단어를 입에 올리지 않는 금기로부터 파생되어 나온 것들인데, 결국 이들 단어의 사용 자체가 꺼림칙한 느낌을 주기 때문이다. 그러나 그렇다고 해서 불행이나 금기와 관련된 일이 자신의 주변에서 한 번도 일어나지 않는다는 것은 불가능하다. 만약 부득이한 상황에서 금기를 범해야 하는 경우나, 혹은 조심을 하다가도 실수로 금기에 저촉되었을 경우 이에 대한 심리적 극복을 위해 중국인들은 나름대로의 대비책을 준비해 놓고 있다.

언어적 특성으로부터 생성된 금기는 마찬가지로 언어적 특성을 이용하여 극복하는 것이 그 방법이다. 이중 대체 언어의 사용이나 완곡한 표현 혹은 해음 현상을 이용하여 금기를 반대로 길상(吉祥)한 것으로 전환시키는 방법 등이 아주 유용하게 사용되고 있다.

대체 언어의 사용이란 글자 그대로 다른 언어를 사용해서 언어 금기에 직접 저촉되지 않도록 피해 가는 방법이며, 사용상에 있어서 임시 대용적인 성격을 갖는다. 그래서 대체 용어를 사용할 때 사람들은 단지 그 단어의 뜻을 중시할 뿐 언어의 형식에는 구애받지 않는다. 즉, 대체 단어를 사용하기도 하고, 혹은 단어 대신에 문장을 사용하기도 하는 등 일정한 형식이 없다. 또, 상황이나 시대에 맞추어서 신조어가 등장하기도 한다. 예를 들면 '죽음'이라는 단어는 기피 언어 중 가장 대표적인 단어 중 하나이다. 사람이 죽었다고 해서 직접 '죽었다'라는 단어를 쓰지 않는 언어 금기는 중국에서 매우 보편적인 현상이다. 그래서 '죽음'이라는 단어를 입에 직접 올리는 것을 피하기 위해 죽음을 대체할 수 있는 다른 단어를 사용한다. 중국인들은 붕(崩), 가붕(駕崩), 훙(薨), 졸(卒), 순국(殉國), 순난(殉難), 열반(涅槃), 원적(圓寂), 승천(昇天), 작고(作故) 등등의 단어로 죽음을 대신 형용한다. 이들 단어 중 어떤 단어는 신분이나 계급에 따라 사용에 엄격한 제한을 받는 것도 있는데, 과거 봉건 시대에 황제(皇帝)가 죽으면 특별히 '붕(崩)' 혹은 '가붕(駕崩)' '산릉붕(山陵崩)'이라는 단어를 사용하였다. 황제의 죽음은 마치 천지가 무너지듯 큰일이라는 뜻에서 나온 단어들이다. 이들 단어는 아무나 쓸 수 있는 것이 아니었다. 잘못 쓰다가는 대역죄에 해당되었다. 제후(諸侯)나 대부(大夫)가 죽으면 '훙(薨)'이라고 하였고('무너지다' 혹은 '쓰러지다'라는 뜻이다), 일반 관리가 죽으면 '졸(卒)'이라고 표현하였으며('끝났다'라는 뜻이다), 지식인 혹은 선비가 죽으면 '불록(不祿)'이라고 하였다(더 이상 나라로부터 봉록(俸祿)을 받을 수 없다는 의미에서이다).

오늘날에 와서도 신분에 따라 그 표현이 틀린데, 지위가 높은 사람이 죽으면 '서세(逝世)' 혹은 '거세(去世)'라는 표현을 쓴다. 우리가 흔히 쓰는 말로는 '서거(逝去)'에 해당된다. 이들에 대해 '죽었다[死]'라는 표현을 사용하는 것은 불공(不恭)한 것으로 인식된다. 나이가 드신 분이 병 없이 돌아가시면 남자한테는 '수종정침(壽終正寢)', 여자한테는 '수종내침(壽終內寢)', 즉 '천수를 다하셨다' 정도의 표현을 쓴다. 스님이 죽으면 '좌화(坐化)' 혹은 '원적(圓寂)'이라고 한다. 또, 도교(道敎)의 수도자인 도사(道士)가 죽으면 '등선(登仙)', 즉 '신선이 되었다'라는 단어를 쓴다.

단어 이외에도 문장의 형식으로 죽음을 대체 표현하기도 한다. 예를 들어 '계시지 않게 되다[不在了]' '우리와 영영 이별하였다[和我們永別了]' '이 세상과 오랜 이별을 하다[與世長辭]' '인간세를 떠났다[離開人世了]' '다른 세계로 가셨다[到另一個世界去了]' 등의 표현을 쓰며, 싫어하거나 못된 사람이 죽으면 '염라대왕 보러 갔다[見閻王]'라는 말이나 '서쪽 하늘로 갔다[上西天]'라거나 '옛집으로 돌아갔다[回老家]'라고 표현한다. 이 이외에도 공산당이 집권하고 있는 현대 중국에서는 '마르크스를 보러 갔다[去見馬克思了]'라는 표현도 등장하였다.

사람이 죽게 되면 관(棺)을 준비해야 되는데, 이를 중국에서는 관재(棺材)라 한다. 사람들은 이 단어를 직접 언급하는 대신에 수재(壽材) 혹은 수기(壽器)라고 바꾸어 부른다. 혹은 같은 발음을 갖고 있으면서도 좋은 의미의 길상어(吉祥語)인 관재(官財)로 바꾸어 부르기도 하는데, 죽은 사람을 담을 관(棺)이 도착하면 '관(官)도 왔고 재(財)도 왔습니다', 즉 '벼슬도 생기고 재물도 들어왔습니다'라는 식으로 길상을 추구하며 꺼림칙한 마음으로부터 벗어나기도 한다.

신령에 대해 불공한 언어를 사용해서는 안 되는 금기를 피하기 위해 암시적인 언어를 사용하는 경우도 있다. 새해가 시작되는 춘절에 즈음하여 많은 중국인들이 재물(財物)의 신(神)인 재신(財神)에게 제사를 지내는데, 이 기간 동안 길거리에 나가면 이들 재신의 초상화를 파는 곳이 도처에 보인다. 재신의 초상화를 살 때 중국인들은 말을 매우 신중히 해야 하는 금기가 있다. 파는 사람은 절대로 '재신을 팝니다[賣財神爺]'라고 말하지 않는다. '재신을 팝니다'라고 외치는 것은 자신이 가난해진다라는 의미가 되기 때문이며, 재신에 대해서도 불경한 느낌을 주기 때문이다. 하지만 재신의 초상화를 팔아야 장사가 되는데, 이 경우 부득불 금기를 범하지 않을 수 없는 상황이 된다. 그래서 이 때는 재신을 판다는 의미를 금방 알 수 있도록 암시의 방법을 쓴다. 그래서 '재신을 모셔 왔습니다[送財神爺來了]'라는 식으로 문장의 의미는 전혀 다르지만 재신을 판매함을 암시하는 표현을 사용한다. 사는 사람도 마찬가지이다. '재신을 삽니다[我買財神爺]'라고 말하면 재신에 대해서 불공스러운 것이 되기 때문에 '재신 한 장 모십니다[我請一張]'라는 암시적 표현을 쓴다. 만약 집에 이미 사둔 것이 있어서 살 필요가 없을 경우에도 '필요없다[不要]'라고 말하지 않는다. 재신이 필요없다는 것은 스스로 가난해지겠다는 의미가 되기 때문이다. 이런 경우에는 '이미 모시고 있습니다[已經

有]'라고 대답한다.

어떤 사람들이 신체적 결함을 갖고 있는 경우, 그 결함을 직접 표현하지 않는 것은 많은 사람들이 지켜야 할 금기에 앞서 인간적인 예의라 할 수 있다. 예를 들어 장애자한테 장애자라는 직접적인 표현을 쓰면 매우 듣기 거북하다. 그래서 정기적으로 열리는 '장애인 올림픽'을 중국에서는 '특수 올림픽[特殊奧運會]'이라는 표현으로 바꾸어 사용함으로써 직접적인 표현을 삼간다.

뚱뚱한 사람한테 '당신 뚱뚱하다'라고 말하면 듣는 사람한테 결코 유쾌한 일은 아니다. 중국인들은 이들에 대해서 뚱뚱함을 나타내는 '반(胖)' '비(肥)' '비반(肥胖)' 등의 직접적인 표현은 삼간다. 대신 '풍만(豊滿)'이나 '부태(富態, 부티가 난다)' '발복(發福, 몸이 좋아졌다)' 등의 완곡한 표현을 사용하는 것이 기본 예의이다.

명절이나 결혼식 등 경사스러운 날에 물건을 깨게 되면 경사스러운 일에 누가 될지 모른다는 꺼림칙한 마음이 들게 된다. 이 경우 해음 현상을 이용하여 금기를 극복하는 방법이 있다. '물건이 깨어지다'는 중국어로 '쇄(碎, sui)'이다. 그래서 물건을 깨뜨리면 본인 혹은 주변 사람들이 즉시 '세세평안(歲歲平安, 해마다 평안하다, sui sui ping an)'하고 외친다. '세(歲, sui)'의 발음이 '쇄(碎, sui)'와 같은 점을 이용하여 불길한 현상을 오히려 길한 현상으로 바꾸는 지혜인 것이다. 만약 결혼식 신방에 놓아두는 화병(花瓶) 등을 실수로 엎어뜨리는 경우가 있으면 꺼림칙한 느낌이 든다. '뒤짚어졌다'는 중국어로 '倒(따오, 낮고 긴 발음의 따오)'라고 하는데, 이런 경우에는 재빨리 뜻은 다르나 같은 발음을 가진 '到(따오, 짧고 강한 발음의 따오)'라고 외친다. '왔다'라는 뜻이다.

반대의 뜻을 가진 단어를 사용해 금기 언어를 대체하는 방법도 있다. 예를 들어 중국 건물에 있는 비상구는 모두 '태평문(太平門)'이라고 표기한다. 비상구라는 것은 화재 등 재난이 발생하였을 때 사용하는 문인데, '재난'이라는 단어 대신에 '안전' '태평'이라는 반대의 뜻을 가진 단어를 사용하는 것이다. 중국 남쪽 광둥[廣東] 지역에서는 빈 집[空屋]을 세놓을 때 [出租] 붙여 놓은 광고 문안에 '空屋出租'라는 단어를 사용하는 대신에 '吉屋出租'라고 쓴다. 광둥어로 공(空)은 흉(凶)과 발음이 비슷해서 글자 그대로 읽는다면 '흉가를 세놓는다'라는 뜻이 연상되기 때문에, '흉(凶)'과는 반대의 뜻을 갖는 '길(吉)'을 사용하는 것이다.

그동안 신비스러웠던 많은 자연 현상이 과학적으로 재해석되고 첨단 과학이 인류의 생활을 근본적으로 바꾸어 놓고 있는 오늘날에도 금기의 그림자는 여전히 중국인의 생활에 드리워져 있다. 외진 농촌은 말할 것도 없이 번화한 도시 시민들의 일상생활에도 금기는 여전히 막강한 힘을 발휘하고 있다. 앞에서 살펴보았듯이 미신에 대해서 철저한 반대의 입장을 취하는 사회주의 제도 하에서도 많은 중국인들이 여전히 미신적인 관념론으로부터 벗어나지 못하고 있는 것을 확인할 수 있었다. 이것은 그만큼 중국인들의 전통 의식이 시대나 제도를 막론하고 그 뿌리가 깊다는 것을 말해준다.

　중국의 다양한 민속 금기나 선호의 본질은 언어적인 접근을 통해서도 이해할 수 있었다. 각종 금기나 선호의 저변에는 결국 행복을 추구하고 불행한 일을 기피하고자 하는 피흉취길(避凶就吉)의 심리적인 요소가 깔려 있다. 기피의 이유는 불행에 대한 막연한 두려움일 수도 있고, 신성함을 범하지 않겠다는 심리적 압박일 수도 있다. 앞에서 제시한 각종 금기의 예에서 보듯이, 분명 다른 사물을 가리키는 단어임에도 불구하고 단지 불행한 일을 나타내는 언어와 발음이 같다거나 유사하다는 이유만으로 인해 많은 금기가 형성되고 있으며, 반대로 행복과는 아무런 관련이 없으면서도 그 발음이 행복을 연상케하고 있기 때문에 환영을 받는 사물이 있다. 이로 미루어 짐작해 볼 때, 대부분 금기의 근본 성격은 과학과는 전혀 거리가먼 단지 관념적인 인식에 있음을 알 수 있다.

　대부분의 금기 혹은 선호의 대상이 이지적이거나 혹은 실제 체험에 의해 형성된 것이 아니고 미신적 강박 관념의 산물인 이상, 결국 또 다른 관념적인 방법에 의해 금기에 대처해나갈 수밖에 없음을 금기 해소의 여러 가지 사례를 통해 확인할 수 있었다. 금기의 대상이나 현상은 그대로인데 대체 언어나 비유 언어를 사용해서 금기에 저촉되지 않았다고 생각하거나, 혹은 해음 현상을 이용해 본시 흉하다고 인식하였던 것을 길하다는 것으로 전환시킴으로써 심리적 불안감을 해소시키고 있는 것이다. 결국 금기 중 대부분의 것들은 심리적인 강박 요소가 그 근본을 이루고 있으며, 이에 대한 극복 또한 심리적인 전환 방법을 통해 가능하다는 것을 보여주고 있다.

1) 한식날 불을 사용하지 않는 금기에 대해서는 춘추 시대 진(晉)나라 충신이었던 개지추(介之推)를 추념하기 위한 것이라는 설이 있다. 그 내용은 다음과 같다. 진나라 문공(文公)이 온갖 시련 끝에 왕위에 올랐다. 하지만 왕위에 오르기 전 고초를 겪을 때 그에게 충성을 다한 개지추에 대해 날이 갈수록 소원해져 갔다. 개지추는 괴로운 나머지 노모를 모시고 은둔해버렸다. 진문공(晉文公)은 살신성인(殺身成仁)의 충신인 개지추를 소홀히 대한 것에 대해 부끄러운 나머지 그를 다시 찾았으나 개지추는 나타나지 않았다. 진문공은 개지추가 숨어 있는 면산(綿山)에 불을 지르면 효성이 지극한 그가 노모를 모시고 산에서 나오리라 생각하였다. 하지만 3일간의 산불이 꺼진 후 개지추는 노모를 부둥켜안고 불에 탄 채로 발견되었다. 진문공은 개지추와 그의 노모를 후히 장사지내고 그가 사망한 이날에는 불을 금하고 차가운 음식을 먹도록 명하였다. 바로 이날이 청명절(淸明節) 하루 전날이라 한다. 이후 시대가 바뀌었어도 개지추가 불에 희생을 당하였기 때문에 이날은 날음식을 먹을지언정 불의 사용을 금하는 풍습이 자리를 잡았다고 한다.

2) 신도(神荼)와 울루(鬱壘)는 본래 전설 속에 나오는 인물들로서, 『산해경 山海經』의 기재에 의하면 도삭산(度朔山)이라는 곳에 살던 형제였다. 이 산에는 매우 거대한 복숭아나무가 있었는데, 그 잎이 삼천 리에 걸쳐 뻗어 있었다고 한다. 그 복숭아나무의 동북방에는 귀문(鬼門)이 있어서 귀신들은 이 문으로 드나들었다. 신도 형제는 이 문에 지켜 서서는 악귀(惡鬼)들을 만나기만 하면 이들을 갈대로 묶어서 호랑이에게 먹였다. 그래서 귀신들이 함부로 인간 세상에 내려와서 사람들을 해치는 것이 불가능해졌다. 사람들 사이에서는 도삭산의 복숭아나무가 능히 귀신을 몰아내는 효험이 있다는 소문이 나돌았다. 그리하여 복숭아나무 조각을 대문에 걸어 놓고는 그 위에 '신도' '울루' 두 형제의 이

름을 써 넣어서 귀신을 몰아내기 시작하였다. 이 후에는 귀신을 쫓는 내용의 주문을 써 넣었고, 그리하여 도부(桃符)라는 명칭이 생겼다고 한다.

3) '壓歲錢(혹은 壓祟錢)'에는 다음과 같은 고사(故事)가 전해져 내려오고 있다. 옛날, 수(祟)라고 하는 요괴가 있었다. 이 요괴는 설날 전날 밤만 되면 나타나서 아이들을 해치곤 하였다. 손으로 깊이 잠든 아이의 이마를 만지면 아이는 놀라 울면서 열이 오른곤 하였는데, 열이 가시면 원래 총명하던 아이도 바보 같은 아이로 변하였다. 어느 부부가 설날 전날 밤 붉은 실에 동전 8개를 꿰어서 아이의 베갯맡에 두었다. 한밤중이 되자 과연 수(祟)란 요괴가 아이에게 접근하였다. 하지만 동전으로부터 갑자기 밝은 빛이 나오면서 수(祟)는 놀라 도망을 쳤다. 이 사실이 전해지자 사람들은 설날 전날 밤이 되면 같은 방법으로 동전을 잠자는 아이들의 베갯맡에 두어서, 귀신의 장난으로부터 아이들을 보호하였다고 한다. 붉은 실에 꿰어 아이를 보호하는 이 동전들을 '壓歲錢' 혹은 '壓祟錢'이라 불렀다. 오늘날에도 춘절 전날 밤 어른들은 아이들에게 붉은 실에 꿰인 동전이나 지폐를 넣은 붉은 봉투를 주면서 축복의 덕담을 건네준다. '누른다'는 뜻의 '압(壓)'이라는 글자 그대로 이들 돈은 아이들의 베갯맡에 눌려져서 하룻밤을 지내며 새해의 도래를 기다리게 된다.

4) 버드나무는 왕성한 번식력을 갖고 있는 나무로 알려져 있다. 또한 봄이 되면 다른 나무보다 먼저 싹이 트는 나무이다. 따라서 버드나무는 생명의 상징이기도 하다. 불교에서는 종종 관세음보살이 들고 다니면서 아들과 행복을 내리는 상징으로 쓰이기도 한다. 따라서 사람들은 버드나무가 갖고 있는 왕성한 생명력을 빌려 자신과 집안의 건강과 행복을 기원하는 상징물로 사용한다. 버드나무가 갖고 있는 왕성한 생명력으로 인해 악귀(惡鬼)들이 버드나무에 함부로 접근을 하지 못한다고 여기는 것이다.

5) 이밖에도 단오절에는 붉은 띠를 두르거나 창포 뿌리를 잘게 썰어서 담근 술을 먹는 풍속이 있는데, 이들 모두 벽사

와 관련되지 않은 것이 없다. 그래서 단오절의 유래에 대한 많은 설 중에 벽사(辟邪)를 그 기원으로 보는 시각이 적지 않다.

6) 오덕종시설은 오행의 작용에 의해 모든 변화가 이루어진다는 설인데, 이를 근거로 하여 추연(鄒衍)은 오행상극설(五行相剋說)을 제창해내었다. 즉, 각 오행 간의 관계는 다음과 같은 상극관계를 가진다는 것이다. "수극화(水剋火), 화극금(火剋金), 금극목(金剋木), 목극토(木剋土), 토극수(土剋水)." 추연은 다시 이 논리를 역대 왕조의 변화에 적용시켰는데, 각 왕조는 오행 중 하나에 해당하며, 한 왕조가 멸망하고 또 다른 왕조가 건립되는 것은 뒤의 왕조가 갖는 오행이 전 왕조의 오행을 누른 결과라는 것이다. 즉, 각 왕조의 쇠락은 천도의지(天道意志)의 작용 그리고 오행의 순서에 따른 반복 순환임을 역설하였다. 예를 들면 중국 최초의 왕조인 하나라는 목덕(木德)에 해당되는데, 뒤를 이어 등장하는 은나라는 금덕(金德)에 해당된다. 하나라가 멸망한 것은 은나라의 금덕이 하나라의 목덕을 누르기 때문에 생긴 결과라는 것이다.

7) 우리나라에서는 일반적으로 물만두 혹은 찐만두라고 부르는 것이 교자(餃子)이다. 하지만 중국에서는 만두(饅頭)와 교자는 별개의 음식이다. 만두는 속에 아무것도 들어 있지 않은 밀가루 덩어리이고, 교자는 안에 각종의 속을 넣은 음식을 가리킨다. 모양도 만두는 둥근 형, 각진 형 등 여러 형태가 있고, 교자는 주로 타원형의 모습을 하고 있다.

8) 『金匱要略論註』, 券24 : "二月勿食蔘, 傷人腎."

9) 『備急千金要方』, 券80 : "二月勿食鷄子, 令人常惡心."

10) 『備急千金要方』, 券80 : "二月勿食兎肉, 傷人神氣."

11) 『巢氏諸病源候總論』, 券21 : "八月勿食被霜瓜, 向冬發寒熱及溫病, 食欲吐或心中停飮不消, 或致反胃."

12) 『備及千金要方』, 券80 : "八月勿食鷄肉, 傷人神氣."

13) 『備急千金要方』, 券79 : "八月九月勿食薑, 傷人神, 損壽."

14) "前(南)高後(北)低, 主寡婦孤兒, 門戶必敗, 後高前低, 主多牛馬." "前低後高, 兒孫英豪, 前高後低, 兒孫不昌." "前高後低, 主人被欺."

15) 사실 중국 전통 생활습관에 보면 13일에 대한 기피도 있었다.

즉, 13일이 되면 먼 길을 떠나는 것을 가능하면 피하고자 하던 풍속이 있었다. 13(十三, shi san)의 중국어 발음이 '길을 잃고 헤어진다'는 뜻의 '失散[shi san]'과 같기 때문이다.

16) 이 점에 대해 보충 설명을 하고자 한다. 짝수와 단수 : 좋은 일은 쌍으로 이루어져야 한다는 관념 때문에 결혼이나 축하 시에 선물을 할 때 단수는 피하는 것이 원칙이다. 하지만 병원의 환자를 방문할 때에는 오히려 단수로 해야 한다. 七 : 지역에 따라 부녀들이 기피하는 숫자이기도 하다. 양주(揚州)에서는 '七不出' '逢七不歸'의 속설(俗說)이 있다. 즉, 부녀들이 외지로 나가거나 집에 돌아올 때 '七'이 포함되는 날은 피해야 한다는 뜻이다. '七出'은 중국어로 '부인이 나가다'라는 뜻의 '妻出'과 발음이 같다. 八 : '八'은 오늘날 중국에서 가장 환영 받는 숫자 중 하나이다. 하지만 글자의 생김새가 분리된 글자의 형상이며 동시에 '分'의 머리 부분이기 때문에 기피하는 지역도 있다.

참고문헌

구미래, 『한국의 상징세계』, 교보문고, 1996.

장범성, 『현대 중국의 생활문화』, 한림대학교 아시아문화연구소, 1999.

장범성·고연걸, 『중국학개론』, 한림대학교출판부, 1997.

지그문트 프로이트, 김종엽 옮김, 『토템과 타부』, 문예마당, 1995.

曲彦斌 主編, 『中國民俗言語學』, 上海 : 上海文藝出版社, 1996.

舒燕 編著, 『中國民俗』, 北京 : 北京語言文化大學出版社, 2002.

楊琳 『中國傳統節日文化』, 北京 : 宗敎文化出版社, 2000.

烏爾沁, 『中華民俗』, 北京 : 中國致公出版社, 2002.

完顔紹元 編著, 『中國風俗之謎』, 上海 : 上海辭書出版社, 2002.

劉明華 編, 『婚喪喜慶全書』, 北京 : 經濟日報社出版社, 1999.

任騁, 『中國民間禁忌』, 北京 : 作家出版社, 1991.

鄭曉江 主編, 『中國辟邪文化大觀』, 廣州 : 花城出版社, 1994.

趙東玉, 『中華傳統節慶文化硏究』, 北京 : 人民出版社, 2003.

仲富蘭·馮海榮 主編 『文化尋根』, 上海 : 上海古籍出版社, 2000.

蔡豊明, 『中國壽禮』, 上海 : 上海文藝出版社, 2001.

鄒紹志, 『中華奇婚異俗』, 北京 : 民族出版社, 2001.

馮逢 主編, 『百姓民俗禮儀大全』, 北京 : 中國盲文出版社, 2003.

向柏松, 『吉祥民俗』, 武漢 : 湖北敎育出版社, 2001.

惠西成·石子 編 『中國民俗大觀』, 廣州 : 廣東旅游出版社, 1997.

중국인의 금기

| 펴낸날 | 초판 1쇄 2004년 2월 10일 |
| | 초판 5쇄 2015년 2월 23일 |

지은이	장범성
펴낸이	심만수
펴낸곳	(주)살림출판사
출판등록	1989년 11월 1일 제9−210호

주소	경기도 파주시 광인사길 30
전화	031−955−1350 팩스 031−624−1356
기획 · 편집	031−955−4671
홈페이지	http://www.sallimbooks.com
이메일	book@sallimbooks.com

| ISBN | 978−89−522−0190−4   04080 |

089 커피 이야기

김성윤(조선일보 기자)

커피는 일상을 영위하는 데 꼭 필요한 현대인의 생필품이 되어 버렸다. 중독성 있는 향, 마실수록 감미로운 쓴맛, 각성효과, 마음의 평화까지 제공하는 커피. 이 책에서 저자는 커피의 발견에 얽힌 이야기를 통해 그 기원을 설명한다. 커피의 문화사뿐만 아니라 커피에 대한 일반적인 정보 및 오해에 대해서도 쉽고 재미있게 소개한다.

021 색채의 상징, 색채의 심리

박영수(테마역사문화연구원 원장)

색채의 상징을 과학적으로 설명한 책. 색채의 이면에 숨어 있는 과학적 원리를 깨우쳐 주고 색채가 인간의 심리에 어떤 작용을 하는지를 여러 가지 분야의 사례를 통해 설명한다. 저자는 색에는 나름대로의 독특한 상징이 숨어 있으며, 성격에 따라 선호하는 색채도 다르다고 말한다.

001 미국의 좌파와 우파

이주영(건국대 사학과 명예교수)

진보와 보수 세력의 변천사를 통해 미국의 정치와 사회 그리고 문화가 어떻게 형성되고 변해왔는지를 추적한 책. 건국 초기의 자유방임주의가 경제위기의 상황에서 진보-좌파 세력의 득세로 이어진 과정, 민주당과 공화당의 대립과 갈등, '제2의 미국혁명'으로 일컬어지는 극우파의 성장 배경 등이 자연스럽게 서술된다.

002 미국의 정체성 10가지 코드로 미국을 말하다

김형인(한국외대 연구교수)

개인주의, 자유의 예찬, 평등주의, 법치주의, 다문화주의, 청교도 정신, 개척 정신, 실용주의, 과학 · 기술에 대한 신뢰, 미래지향성과 직설적 표현 등 10가지 코드를 통해 미국인의 정체성과 신념을 추적한 책. 미국인의 가치관과 정신이 어떠한 과정을 통해서 형성되고 변천되어 왔는지를 보여 준다.

058 중국의 문화코드

강진석(한국외대 연구교수)

중국의 핵심적인 문화코드를 통해 중국인의 과거와 현재, 문명의 형성 배경과 다양한 문화 양상을 조명한 책. 이 책은 중국인의 대표적인 기질이 어떠한 역사적 맥락에서 형성되었는지 주목한다. 또한, 구체적이고 실제적인 여러 사물과 사례를 중심으로 중국인의 사유방식에 대해 설명해 주고 있다.

057 중국의 정체성   eBook

강준영(한국외대 중국어과 교수)

중국, 중국인을 우리는 과연 어떻게 이해해야 하나? 우리 겨레의 역사와 직·간접적으로 끊임없이 영향을 주고받은 중국, 그러면서도 아직까지 그들의 속내를 자신 있게 말할 수 없는, 한편으로는 신비스럽고, 한편으로는 종잡을 수 없는 중국인에 대한 정체성을 명쾌하게 정리한 책.

015 오리엔탈리즘의 역사   eBook

정진농(부산대 영문과 교수)

동양인에 대한 서양인의 오만한 사고와 의식에 준엄한 항의를 했던 에드워드 사이드의 오리엔탈리즘. 이 책은 에드워드 사이드의 이론 해설에 머무르지 않고 진정한 오리엔탈리즘의 출발점과 그 과정, 그리고 현재와 미래의 조망까지 아우른다. 또한 오리엔탈리즘이 사이드가 발굴해 낸 새로운 개념이 결코 아님을 역설한다.

186 일본의 정체성   eBook

김필동(세명대 일어일문학과 교수)

일본인의 의식세계와 오늘의 일본을 만든 정신과 문화 등을 소개한 책. 일본인을 지배하는 이데올로기는 무엇이고 어떤 특징을 가지는지, 일본을 주목해야 하는 이유는 무엇인지 등이 서술된다. 일본인 행동양식의 특징과 토착적인 사상, 일본사회의 문화적 전통의 실체에 대한 분석을 통해 일본의 정체성을 체계적으로 살펴보고 있다.

261 노블레스 오블리주 세상을 비추는 기부의 역사

예종석(한양대 경영학과 교수)

프랑스어로 '높은 사회적 신분에 상응하는 도덕적 의무'를 뜻하는 노블레스 오블리주. 고대 그리스부터 현대까지 이어지고 있는 노블레스 오블리주의 역사 및 미국과 우리나라의 기부 문화를 살펴보고, 새로운 시대정신으로 노블레스 오블리주를 부활시킬 수 있는 가능성을 모색해 본다.

396 치명적인 금융위기, 왜 유독 대한민국인가 eBook

오형규(한국경제신문 논설위원)

이 책은 전 세계적인 금융 리스크의 증가 현상을 살펴보는 동시에 유달리 위기에 취약한 대한민국 경제의 문제를 진단한다. 금융안전망 구축 방안과 같은 실용적인 경제정책에서부터 개개인이 기억해야 할 대비법까지 제시해 주는 이 책을 통해 현대사회의 뉴노멀이 되어 버린 금융위기에서 살아남는 방법을 확인해 보자.

400 불안사회 대한민국, 복지가 해답인가 eBook

신광영(중앙대 사회학과 교수)

대한민국 사회의 미래를 위해서 복지는 선택이 아니라 필수라고 말하는 책. 이를 위해 경제 위기, 사회해체, 저출산 고령화, 공동체 붕괴 등 불안사회 대한민국이 안고 있는 수많은 리스크를 진단한다. 저자는 사회적 위험에 대응하기 위한 복지 제도야말로 국민 모두의 삶의 질을 높일 수 있는 길이라는 것을 역설한다.

380 기후변화 이야기 eBook

이유진(녹색연합 기후에너지 정책위원)

이 책은 기후변화라는 위기의 시대를 살면서 우리가 알아야 할 기본지식을 소개한다. 저자는 기후변화와 관련된 핵심 쟁점들을 모두 정리하는 동시에 우리가 행동해야 할 실천적인 대안을 제시한다. 이를 통해 독자들은 기후변화 시대를 사는 우리가 무엇을 해야 할 것인지에 대하여 생각해 볼 수 있을 것이다.

사회·문화

eBook 표시가 되어있는 도서는 전자책으로 구매가 가능합니다.

(주)살림출판사
www.sallimbooks.com
주소 경기도 파주시 문발동 522-1 | 전화 031-955-1350 | 팩스 031-955-1355